DAS

WESEN DES KAUFMÄNNISCHEN ZURÜCKBEHALTUNGSRECHTS

GESCHICHTLICH ENTWICKELT

VON

DR. IUR. JOHANNES PLANITZ

LEIPZIG
VERLAG VON VEIT & COMP.
1906

Leipziger juristische Inauguraldissertation.

Druck von Metzger & Wittig in Leipzig.

Inhalt.

Abkürzungen.

KZR. = Kaufmännisches Zurückbehaltungsrecht. BZR. = Bürgerliches Zurückbehaltungsrecht. BR. = Bürgerliches Recht. HR. = Handelsrecht.

§ 1.

Einleitung.

In einigen Handelsgesetzbüchern,[1] so auch im deutschen,[2] hat ein sogenanntes kaufmännisches Zurückbehaltungsrecht Platz gefunden. Kraft dieses Rechts ist der Kaufmann befugt, unter gewissen Bedingungen Waren seines kaufmännischen Schuldners zurückzubehalten und sich aus ihnen zu befriedigen.

Ein derartiges Befriedigungsrecht ist dem Bürgerlichen Gesetzbuch fremd.

Wohl aber birgt das BGB. verwandte Rechtsinstitute. Ihre Wirkung ist jedoch von der des kaufmännischen Zurückbehaltungsrechts verschieden. Das Pfandrecht und Kompensationsrecht des BGB. wirkt wesentlich stärker, sein Zurückbehaltungsrecht wesentlich schwächer.[3]

Nun aber hat sich ein besonderes Handelsrecht entwickelt aus dem Bedürfnisse der Erleichterung[4] des Verkehrs unter Kaufleuten, der Möglichkeit, auf Grund eines verstärkten Vertrauensprinzips erhöhten Kredit zu gewähren.

Wir werden sehen, daß das kaufmännische Zurückbehaltungsrecht im Verhältnis zum bürgerlichen Zurückbehaltungsrecht und zum Pfandrechte in der Tat in verstärktem Maße diesem Zwecke dient.

Es liegt daher nichts näher als der Schluß, daß das kaufmännische Zurückbehaltungsrecht sich aus einem dieser bürgerlichen Rechtsinstitute, den erhöhten Bedürfnissen des Verkehrs entsprechend, entwickelt habe.[5]

---

[1] Österreich 313—316. Ungarn 309. 310. Bosnien 326. 327. Schweizerisches Obligationenrecht 224—228.

[2] HGB. §§ 369—372.

[3] BGB. §§ 1204ff., 273, 274, 1000, 1003 u. a.

[4] Selbst da, wo es scheinbar erschwert; z. B. HGB. § 367.

[5] So Schlegelberger 192ff., 77ff.

Unsere Arbeit soll untersuchen, ob dieser Schluß gemacht werden darf.

Wir wählen folgenden Weg.

Wir wollen zuerst an der Hand des Handelsgesetzbuches sehen, welche Wirkungen heute dem kaufmännischen Zurückbehaltungsrecht kraft des Gesetzes beigelegt sind, und uns dann in kurzer Übersicht die Entwicklung dieses Rechtes vergegenwärtigen.

So werden sich uns, wie wir hoffen, Ausblicke ergeben, die für das Ziel unserer Arbeit — die Ergründung des Wesens des kaufmännischen Zurückbehaltungsrechts — von Bedeutung sein dürften.

Erster Teil.

Seine Gestaltung im heutigen Rechte.

I.

Voraussetzungen.

Das KZR. hat seinen Entstehungsgrund lediglich im Gesetze;[1] seine Voraussetzungen sowie seine Wirkungen sind sämtlich fest und vom Parteiwillen unabhängig gesetzlich normiert.[2] Will der Schuldner den Gläubiger noch außer den Grenzen des Wirkungsgebietes dieses Rechtes sichern, so muß er auf das durch Vertrag entstehende Sicherungsrecht zurückgreifen, auf das Pfandrecht.

Liegen aber die gesetzlichen Voraussetzungen vor, so entsteht das KZR. sofort; und zwar setzt seine Entstehung voraus, daß zwischen den Parteien eine eigengeartete Schuld vorliegt, und daß sich andererseits eine eigengeartete Deckung in den Händen des Gläubigers befindet.

---

[1] Gareis 515; anders RG. Bd. 15 S. 59, Bd. 20 S. 133, Bd. 29 S. 301; s. u. § 3 Note 57.

[2] Anders das a. HGB. Art. 316 und Laband 501.

§ 2.

a) Die Schuld.

Es muß vorliegen eine fällige, aus beiderseitigen Rechtsgeschäften des Handelsverkehrs zwischen diesen beiden Kaufleuten hervorgegangene Forderung.[1]

Es muß vorliegen eine Forderung. Ein dinglicher Anspruch ist demnach nicht genügend.[2] Haben wir aber den Endzweck des KZR., die Befriedigung aus dem Erlös,[3] im Auge, so ergibt sich uns auch hinsichtlich der schuldrechtlichen Verpflichtungen zwischen zwei Personen eine Einschränkung. Als ausgeschlossen erscheinen alle Rechte, vom Schuldner ein Tun oder Unterlassen zu fordern,[4] deren Abschätzung oder endliche Umwandlung in Geld unmöglich ist,[5] z. B. Ansprüche auf Rechnungslage oder Vorlegung der Bilanz.[6] Nicht erforderlich ist jedoch, daß die Forderung bereits zur Geldforderung geworden ist; es genügt, daß die Nichtbefriedigung dieser Forderung sie in eine Geldforderung umwandelt: die Verweigerung einer geschuldeten Rechnungslegung, deren Leistung für den Gläubiger von Vermögenswert ist, kann eine Schadensersatzpflicht in Geld[7] begründen, somit auch ein KZR. zur Entstehung bringen.

Beide Vertragsparteien müssen Kaufleute sein,[8] d. h. sie müssen beide ein Handelsgewerbe betreiben.[9]

---

[1] HGB. § 369 Abs. 1 Satz 1.

[2] Vgl. BGB. §§ 387, 1204; anders BGB. § 273.

[3] s. u. § 5. HGB. § 371.

[4] BGB. § 194.

[5] Vgl. BGB. § 1228 Abs. 2 S. 2.

[6] Staub 1209.

[7] BGB. § 251. Düringer und Hachenburg 560.

[8] Anders österr. WO. von 1761; im Anschlusse daran auch der 1. Entwurf des a. HGB. Art. 262.

[9] HGB. § 1 Abs. 1; anders das a. HGB. Art. 4, 271 ff. Hierher gehören: HGB. § 1 Abs. 2; §§ 2 u. 3; §§ 6, 210 Abs. 2, 320 Abs. 3, Ges. v. 20. IV. 1892 § 13 Abs. 3, Ges. v. 1. V. 1899 § 17 Abs. 2; HGB. § 5. Dagegen gehört nicht hierher der kein Gewerbe treibende, ins Handelsregister Eingetragene, selbst wenn anzunehmen ist, daß der andere mit ihm als Kaufmann kontrahieren wollte: er ist eben kein Kaufmann; s. auch Staub 1207 f.; vgl. I 99, 49 a. E.

Kaufleute im Sinne dieser Vorschrift sind auch die Minderkaufleute;[10] auch für sie gilt das ganze HGB. mit Ausnahme der Fälle, wo das Gesetz sie ausdrücklich ausschließt,[11] und das ist hinsichtlich des KZR. nicht der Fall.

Beide Parteien müssen Kaufleute sein bei Abschluß des die Forderung begründenden Rechtsgeschäfts, aber auch zur Zeit der Entstehung des KZR.; dagegen kann dem Gläubiger das ihm zustehende Recht nicht dadurch entzogen werden, daß er oder der Schuldner später der Kaufmannseigenschaft verlustig geht.[12]

Die Forderung muß hervorgegangen sein aus beiderseitigen Handelsgeschäften, auf Grund deren auch der Gläubiger den Besitz der Waren erlangte.

Das ist nicht etwa ein Erfordernis[13] oder ein Ersatz[14] der Konnexität. Dieser Satz bedeutet vielmehr das Gegenteil der Konnexität.

Konnexität bedeutet natürlicher oder gewollter rechtlicher Zusammenhang der beiderseitigen Ansprüche.[15] Die Ansprüche werden also individualisiert gedacht. Dies ist ohne weiteres klar bei natürlichem rechtlichen Zusammenhange; es gilt aber auch bei einem solchen kraft Parteiwillens. Dieser wird nämlich — er braucht kein ausgesprochener oder ausdrücklich angedeuteter zu sein — dann fingiert, wenn „das Verhältnis, auf welchem die beiderseitigen Ansprüche beruhen, nach der Auffassung des Verkehrs und nach Treu und Glauben als ein einheitliches zu betrachten ist“.[16]

Beim KZR. dagegen wird nicht die einzelne Forderung als

---

[10] HGB. § 4.

[11] So HGB. §§ 17—53, 348—350, vgl. § 351; dazu Bankdepotges. v. 5. VII 1896 § 13.

[12] Düringer und Hachenburg 559; Busch XXXVIII 239; a. A. Linde 23 und Gruchot Beiträge 21, 605.

[13] So Korn 31; Laband 487, bes. 492; Go. I 2 1039, 1001; auch nicht wirtschaftliche Konnexität, so Sievers 165. Von diesem Gedanken geht aus das Schweizer Obligationenrecht Art. 224 Abs. 2.

[14] Dernburg III 765.

[15] Go. I 2 964; gegen ihn irrig Windscheid II § 351 Nr. 3 Anm. 9; vgl. Endemann BR. 710 Anm. 7.

[16] Planck II zu § 273.

Individuum betrachtet, sondern das gesamte rechtliche Verhältnis, das sich zwischen zwei Kaufleuten infolge ihrer gegenseitigen Handelsgeschäfte ergeben hat, wird als einheitliches genommen: man sieht prinzipiell nicht die einzelne Forderung, sondern den Saldo.[17] Das ist aber der Gegensatz der Konnexität.[18]

Dem Gläubiger müssen die Forderungen zustehen auf Grund beiderseitiger Handelsgeschäfte. Die Geschäfte mußten also auf beiden Seiten zum Betriebe des Handelsgewerbes gehören,[19] nicht so, daß die Parteien ihrerseits beabsichtigen mußten, ein Handelsgeschäft abzuschließen,[20] wohl aber so, daß lediglich kraft Gesetzes entstandene oder aus einer unerlaubten Handlung hervorgegangene Forderungen ein KZR. nicht begründen.[21] Wesentlich ist also die Verpflichtungsabsicht des Schuldners. Aber auch schon ein giltig abgeschlossenes Handelsgeschäft, das den beabsichtigten Erfolg nicht erreicht und eine Forderung auf Entschädigung oder Differenz statt auf Erfüllung zur Folge hat, genügt.[22]

Das Handelsgeschäft muß zwischen diesen beiden Kaufleuten abgeschlossen sein. Abtretung der Forderung hat demnach keinen Übergang des KZR. auf den neuen Gläubiger zur Folge.[23] Denn zwischen dem Schuldner und dem neuen Gläubiger ist eben nicht abgeschlossen. Dieser erwirbt daher ein KZR. selbst dann nicht, wenn er Waren des Schuldners auf Grund von Handelsgeschäften

---

[17] Das sagt der Plural Handelsgeschäfte; s. u. §§ 8f. GO. I 1 S. 66ff.

[18] Diese wird erfordert in Depotges. § 8 Abs. 2; vgl. Düringer und Hachenburg 560 und Schlegelberger 215f.

[19] HGB. § 343.

[20] Dem widerspricht die wohl nach Abs. 1, nicht aber nach Abs. 2 widerlegbare Präsumtion des HGB § 344.

[21] Lehmann 86; Delikt als Vertragsverletzung kann Handelsgeschäft sein.

[22] Korn 53.

[23] Hahn 174f., Puchelt 608, Laband 490, Go. I 2 1039, Dernburg III 765, ROHG. 5 S. 304, RG. 9 S. 49 a. l., Lehmann 86, Staub 1209; auch die Nürnberger Konferenz wollte zedierte Forderungen, allerdings nicht allgemein, ausschließen: Prot. 1422; a. A. Wolff bei Busch III 268 und vor allem Cosack 129. Seine Ansicht wie die Ansicht Lehmanns (91), daß das KZR. als Akzessorium mit der Forderung zessibel wäre auf Grund ausdrücklicher Willenserklärung, ist nicht zu billigen.

in Händen hat.[24] Durchaus mit Recht: bei gegenteiliger Regelung wäre einem übelwollenden Gläubiger ein weiter Spielraum für Benachteiligung des Schuldners gelassen.[25]

Diese Benachteiligungsmöglichkeit entfällt, wenn der Gläubiger mit der Abtretung der Forderung zugleich den Besitz an den Zurückbehaltungsobjekten auf den neuen Gläubiger überträgt.[26] Dann wird auch die Kontinuität des Bestehens des KZR. nicht unterbrochen: Forderung und Deckung stehen sich fortdauernd gegenüber.

Daraus folgt: das KZR. selbst ist überhaupt nicht übertragbar. Es ist kein verfügbares Vermögensrecht. Aber Forderung und Deckung in stetem Verein lassen das Recht bei Bestand.

Darum geht das KZR. auf den Erben[27] und den kaufmännischen Nachfolger, der das Geschäft mit der Firma übernimmt,[28] über. Wer ein Vermögen übernimmt, erwirbt das KZR. also nur dann, wenn weder die Forderung noch die Deckung vom bisherigen Gläubiger zurückgehalten wurde.[29]

Die Regel der Unübertragbarkeit des KZR. erleidet eine scheinbare Ausnahme, wenn die Forderung in einem Wertpapiere, dessen Zweck die Übertragung bildet, verkörpert ist.

Mit der Ausgabe eines Ordrepapieres bekundet der Kaufmann, sich nicht nur dem ersten, sondern auch jedem dritten Nehmer des Papiers verpflichten zu wollen, als ob er mit diesem persönlich kontrahiert hätte.[30] Der Aussteller des Inhaberpapieres verpflichtet sich sogar jedem späteren Besitzerwerber.[31]

In beiden Fällen muß sowohl das Rechtsgeschäft, wodurch

---

[24] Der Ausschluß der analogen Anwendbarkeit von § 401 BGB. beweist, daß KZR. ohne Besitz ein Unding ist.

[25] Vgl. LABAND 491—492, KORN 53—54.

[26] PUCHELT 608, STAUB 1208, DÜRINGER und HACHENBURG 559.

[27] BGB. § 857 und § 1922; KORN 26, THÖL HR. I 2 S. 123 ff., ROHG. 10 S. 161, 5 S. 304; a. A. LEHMANN 86, FROMMHOLD 25, SCHLEGELBERGER 215.

[28] HGB. §§ 22, 25 Abs. 1, 27, 28; nicht HGB. § 25 Abs. 3.

[29] BGB. § 419; über den Fall der Schuldübernahme FROMMHOLD 27.

[30] Go. I 2 S. 1040, RG. 9 S. 45; a. M. LABAND 491.

[31] Ein Beweis dafür, daß die sog. Kreationstheorie des BGB. 794 ohne die Fiktion eines Begebungsvertrags nicht wohl auskommt; vgl. LEHMANN 87.

der Schuldner den Besitz des Papieres aufgab,[32] als das, wodurch der Gläubiger diesen erlangte, ein Handelsgeschäft sein. Auf Seiten der Zwischenbesitzer braucht nicht der Tatbestand eines Handelsgeschäftes vorzuliegen. Der zwischen dem Schuldner und dem Gläubiger liegende Zwischenbesitzer gilt für das Verhältnis zwischen diesen beiden als nicht vorhanden: darum ist die Ausnahme auch nur eine scheinbare.

Die Forderung muß fällig[33] sein. Sie darf also nicht erst in der Entstehung begriffen, nicht bedingt oder betagt sein: der Schuldner muß sie bewirken, der Gläubiger sie fordern können.[34] Hierbei ist vor allem begriffsbestimmend die Möglichkeit der Einforderung durch den Gläubiger.[35] Fällig ist also die Leistung keineswegs, wenn der Schuldner leisten darf, ohne daß der Gläubiger fordern könnte,[36] also auch nicht, wenn der entstandenen Forderung kraft Gesetzes eine Klage versagt bleibt.[37]

Fällig ist auch nicht diejenige Forderung, der eine schuldnerische Einrede entgegensteht.[38] Durch Verjährung der Forderung geht das KZR. unter.[39]

Die Forderung muß fällig sein nicht schon zur Zeit der Besitzerlangung, sondern zur Zeit der Geltendmachung des KZR., d. h. dem Momente der Herausgabeverweigerung oder der Zustellung der Klage auf Verkaufsbewilligung.

Das Erfordernis der Fälligkeit hat seinen natürlichen Rechtsgrund in der beiderseitigen Vertragsabsicht. Der kaufmännische Darlehnsgläubiger z. B. hat durch die Hingabe des Darlehns die Vermögenslage des Schuldners verbessern wollen; indem er auf ausdrückliche Sicherstellung verzichtete, hat er dem Schuldner seine Kreditwürdigkeit bezeugt. Würde er nun in der Schwebezeit das KZR. an den schuldnerischen Gegenständen auf Grund

---

[32] S. aber HGB. § 344 Abs. 2.
[33] Ausnahme HGB. § 370 Abs. 1.
[34] BGB. § 387; Planck § 273 Note 1b.
[35] Windscheid § 273 Note 6.
[36] Über Fälligkeit bei Wechselakzepten Hahn 174, Korn 50ff.
[37] Z. B. Differenzgeschäft BGB. § 764.
[38] BGB. § 390 S. 1.
[39] BGB. § 390 S. 2, vgl. § 223 Abs. 1. S. unten § 6 N. 5.

gesetzlicher Gestattung ausüben, so würde er damit nicht nur neben sein vorheriges Vertrauensvotum plötzlich ein gänzlich unbegründetes Mißtrauensvotum stellen, sondern zugleich den Schuldner in seiner Vermögenslage empfindlich schädigen.[40]

Das Erfordernis der Fälligkeit fällt daher nur dann weg, wenn das Mißtrauen des Gläubigers begründet ist. Dies tritt ein,[41] und zwar ausschließlich, in den Fällen der Konkurseröffnung,[42] der Zahlungseinstellung und der erfolglos versuchten bez. nicht voll befriedigenden Zwangsvollstreckung.[43] Dagegen genügt nicht Eintritt des Vermögensverfalls des Schuldners und Drohen des Konkurses.[44]

§ 3.

b) Die Deckung.

Der Gläubiger muß an beweglichen Sachen oder Wertpapieren aus dem Eigentume des Schuldners, deren Zurückbehaltung keiner Verpflichtung seinerseits widerspricht,[1] Besitz haben, den er auf Grund von Handelsgeschäften mit Willen des Schuldners erlangt hat.[2]

Das Gesetz selbst beschränkt die Zurückbehaltung auf bewegliche Sachen[3] und Wertpapiere, schließt damit also selbst aus alle Immobilien,[4] Rechte, Forderungen, mit Ausnahme der in einem Wertpapier verkörperten, sowie andere Ansprüche, aus anderem Grunde auch Sachinbegriffe.[5]

Aber aus der Natur des KZR. folgen noch weitere Einschränkungen.

---

[40] Vgl. auch Korn S. 50.

[41] Dem Schuldner nützt der Nachweis der Nichtgefährdung nichts.

[42] Dazu KO. § 198.

[43] HGB. § 370; sogen. Not-ZR.

[44] RG. 3 S. 116, Cosack 130, Lehmann 92.

[1] HGB. § 369 Abs. 3.

[2] HGB. § 369 S. 1.

[3] BGB. § 90.

[4] Heute Gegenstände des Handelsverkehrs; anders a. HGB. Art. 275. Nicht ausgeschlossen sind loszutrennende Bestandteile des Grund und Bodens. Staub 49; BGB. §§ 95, 97, 1259f.

[5] Staub 1210; u. Anm. 36.

Das KZR. bedeutet nicht nur ein Recht zur Herausgabeverweigerung, woraus folgt, daß die Sache im Eigentume des Schuldners, also Speziessache[6] sein muß, sondern vor allem ein Recht zur Befriedigung.[7] Der zurückbehaltene Gegenstand muß daher nicht nur einen Verkehrswert haben,[8] sondern dieser Verkehrswert muß sich auch durch Verkauf unmittelbar realisieren lassen.[9] Der Gläubiger darf die Sache nicht zurückbehalten, um auf den Schuldner einen Druck auszuüben,[10] sondern nur, um sich aus der Sache zu befriedigen: die Forderung soll gedeckt sein. Die Deckung muß also in der Hand des Gläubigers[11] einen durch Verkauf realisierbaren Vermögenswert darstellen.

Daraus ergeben sich insbesondere Schwierigkeiten bezüglich der Frage der Zurückbehaltung von Wertpapieren.[12]

Wertpapiere sind solche Urkunden, deren Besitz für die Ausübung und Übertragung des in der Urkunde verbrieften Rechts unentbehrlich ist.[13]

Das Papier verkörpert das Recht. Durch die Zurückbehaltung des Wertpapiers wird das Recht zurückbehalten, durch seine Übertragung wird das Recht übertragen: nunmehr kann es der Käufer ausüben, für den Verkäufer aber ist es realisiert.

Wertpapiere sind also nicht diejenigen Papiere, durch deren Zurückbehaltung das Recht nicht berührt wird, so Beweispapiere oder Legitimationspapiere,[14] z. B. Sparkassenbücher, Erneuerungs-

---

[6] Unten Note 24.

[7] HGB. § 371.

[8] Düringer und Hachenburg 561b.

[9] A. A. Hahn 176, Korn 35. Vgl. BGB. §§ 134—136.

[10] Dies betont mit Recht Düringer und Hachenburg 561b.

[11] Auch schon in der des Schuldners; daher ausgeschlossen eigenes Akzept des Schuldners, Staub 1211.

[12] Wertpapier ist bewegliche Sache, d. h. Ware im Sinne des HGB. Das Gesetz betont damit nur den Unterschied zwischen materiellen und formellen Wertträgern. — Auch andere Papiere, die, ohne Wertpapiere zu sein, einen selbständigen Vermögenswert in sich tragen, können zurückbehalten werden, z. B. Autogramme. Lehmann 87. Diese sind materielle Wertträger.

[13] Brunner in Endemanns HR. II 174, Lehmann I 20, Staub I 49.

[14] RG. 29 S. 301, 20 S. 135; anders ROHG. 5 S. 159 u. a. Dazu gehören nicht Interimsscheine über Aktien, Dernburg III 766. RG. 36 S. 38.

scheine, die sachenrechtlichen Papiere,[15] Lebensversicherungspolizen. An ihnen kann also kein KZR. ausgeübt werden.[16]

Ebensowenig aber an einem unvollkommenen Wertpapiere.[17] [18]

Eine weitere Einschränkung greift nicht Platz. Insbesondere können alle Wertpapiere Gegenstand des Handelsverkehrs sein. Sie sind als solche Waren.[19]

Diese Ware muß im Eigentume des Schuldners stehen,[20] nicht zu der Zeit, wo der Gläubiger den Besitz an der Ware erlangte, auch nicht zu derjenigen, wo der Gläubiger dem Ersuchen des Schuldners um Herausgabe der Ware widerspricht oder durch Verkauf sein KZR. geltend macht,[21] vielmehr einmal zwischen diesen beiden Zeitpunkten, und zwar zu einer Zeit, wo alle übrigen Voraussetzungen der Entstehung des KZR. vorlagen.[22] Denn damit ist das KZR. ein vom späteren Eigentumswechsel allein unabhängiges Recht geworden.[23] Die Ware, die als solche vertretbare Sache ist, darf doch nicht lediglich der Gattung nach bestimmt sein: mit dem Erfordernis des Eigentums des Schuldners ist das Erfordernis der Speziessache[24] gegeben.

Bei Miteigentum des Schuldners an der Ware nach Bruchteilen ist Retention an der betreffenden Quote zulässig,[25] bei Miteigentum zu gesamter Hand ist Retention ausgeschlossen.[26]

---

[15] BGB. § 952 Abs. 2.

[16] Vgl. das Pfandrecht; Fischer-Henle 615.

[17] Namensaktie, Kux, Reichsbankanteilschein.

[18] Vgl. BGB. § 1274 Abs. 2, 1257, Staub 1210; a. A. RG. 36 S. 38 (vgl. a. HGB. Art. 271 Z. 1), Düringer und Hachenburg 561.

[19] Ware ist kein technischer Ausdruck des HGB. (vgl. z. B. § 1 Abs. 1 Nr. 1, § 373. Gareis 490 f.). Vgl. auch österr. Entwurf § 50, a. HGB. Art. 271, Prot. 1289, Hahn 8.

[20] HGB. § 369 Satz 1 betont ausdrücklich „des Schuldners". Der Schuldner wird regelmäßig mittelbarer Besitzer sein BGB. 868.

[21] So Korn 35, Cosack 130.

[22] So Staub 1211, Düringer und Hachenburg 562.

[23] HGB. §§ 369 Abs. 2, 372 Abs. 2.

[24] Puchelt 604. Daher Geld nur als Geldstücke, nicht als Summe. RG. 12 S. 90. Lehmann 87. Anders Kompensation (u. § 7). — Anders das ungarische HGB. § 309 Abs. 1, bosnische HGB. § 326 Abs. 1.

[25] BGB. § 747; vgl. CPO. § 857. Düringer und Hachenburg 561.

[26] BGB. § 719; vgl. CPO. § 859 Abs. 1 S. 2. Go. I 2 S. 1024 Note 21.

Steht die Ware nicht wirklich im Eigentume des Schuldners,[27] so nützt dem Gläubiger sein guter Glaube nichts. Es kommt lediglich auf die objektive Rechtslage an.[28] Das „Hand wahre Hand" Prinzip, das das BGB. beherrscht,[29] ist für das KZR. ohne Geltung.[30] Sonst würde das Gesetz, seiner Gewohnheit entsprechend, die Herrschaft dieses Prinzips konstatieren.

Waren, die nicht dem Schuldner gehören, sind daher vom KZR. ausgeschlossen. Die Ausnahme,[31] die das Gesetz macht, ist also ganz strikt zu interpretieren. Der Gläubiger ist selbst Eigentümer. Dann hat er das KZR. nicht etwa in allen Fällen, in denen er verpflichtet ist, dem Schuldner das Eigentum an der Ware zu verschaffen,[32] sondern nur dann — das Gesetz betont das lebhaft —, wenn er das Eigentum[33] vom Schuldner selbst oder von einem Dritten für diesen erlangt hat, es aber auf den Schuldner zurückübertragen[34] muß. Nur in diesem Falle ist die Sache ökonomisch bereits als die des Schuldners zu betrachten.[35]

Der Gläubiger muß die Ware im Besitze haben. Sie muß daher besessen werden[36] können.

Besitz bedeutet tatsächliche Gewalt.[47] Besitzwille ist für den Besitz kein positives Erfordernis, wohl aber für den Eigenbesitz,[38] und andererseits für den Besitzdiener[39] ein negatives. Soweit das Willensmoment diese ausschlaggebende Rolle spielt,

[27] Beweispflicht des Gläubigers: RG. 3 S. 154.

[28] Hahn 177, Düringer und Hachenburg 562, RG. 13 S. 129, vgl. § 8 des Ges. vom 5. Juli 1896. Anders das Schweizer Obligationenrecht Art. 227.

[29] BGB. §§ 932 ff., 1207. Dazu HGB. § 366.

[30] Dagegen Korn 37 f. Hierzu Schlegelberger 199 ff.

[31] HGB. § 369 I 2: neue Bestimmung des BGB.

[32] Cosack (129): billig aber gesetzwidrig; anders 4. Aufl. S. 156; ebenso Dernburg III 766, v. Kräwel bei Busch XXXIII 263.

[33] Was bei Mängelrüge oft nicht der Fall sein wird, vgl. BGB. §§ 929, 465, HGB. 377, D. 211, dagegen Staub 1211.

[34] Staub 1211.

[35] Lehmann 89, D. 211.

[36] Nicht der Sachinbegriff als solcher.

[37] BGB. § 854, Strohal 4.

[38] BGB. § 872.

[39] BGB. § 855.

liegt kein Besitz im Sinne des KZR. vor. Besitzer ist hier daher, wer eine fremde Ware weder in Abhängigkeit von einem Anderen noch mit Eigentümerwillen[40] in seiner tatsächlichen Gewalt hat. Dem steht gleich der mittelbare Besitzer,[41] außer wenn der Schuldner selbst unmittelbarer Besitzer für den Gläubiger ist oder der unmittelbare Besitzer ein Recht zum Besitze hat. Denn dann kann der mittelbare Besitz als das schwächere Recht den unmittelbaren Besitz nicht zerstören und damit die Realisierung des KZR. nicht bewirkt werden.

Wird der Besitz durch ein Warenpapier vermittelt, so muß es der Gläubiger in legitimiertem Besitze haben,[42] dann ist er nach außen der allein Berechtigte, selbst wenn er in Wahrheit kein Recht an der Sache hat. Dagegen entsteht nur ein KZR. am Papier, nicht an der Ware selbst, wenn der Gläubiger ein Papier in Händen hat, das auf den Namen des Schuldners lautet. Dann hat der Gläubiger nur ein Recht auf Auslieferung des Gutes.

Dieser Besitz muß dann vorhanden sein, wenn der Gläubiger das KZR. auf irgend eine Weise geltend macht.[43]

Der Gläubiger muß den Besitz auf Grund von Handelsgeschäften[44] erlangt haben. Handelsgeschäft heißt nicht beiderseitiges Handelsgeschäft,[45] es muß nur das Besitzerwerbsgeschäft des Gläubigers ein Handelsgeschäft sein[46] und auf dem Handelsverkehre der Beteiligten beruhen. Daraus folgt zugleich, daß es nicht einheitlich mit dem sein muß, durch das der Schuldner den Besitz aufgab. Da jedes im Betriebe seines Handelsgewerbes vorgenommene Rechtsgeschäft eines Kaufmannes Handelsgeschäft[47]

---

[40] Ausnahme § 369 Abs. 1 S. 2.

[41] Vgl. a. HGB. „oder sonst . . . darüber verfügen kann“, Go. I 2 1037, Hahn 180, Fischer-Henle Anm. 2 zu § 985, Staub 1213[e]. Ungenügend Besitz nach 1205 Abs. 2, 1206 BGB.

[42] Blankoindossament genügt. RG. 13 S. 120.

[43] HGB. § 369: „sofern er sie noch im Besitze hat“; u. § 6 bei Note 12.

[44] Das KZR. ist aber kein präsumtives Pfandrecht, Prot. 458, Laband 501; dagegen Korn 45, 23, Go. I 2 1030; s. auch oben § 2 bei Note 13.

[45] ROHG. 6 S. 197.

[46] Hahn 180, ROHG. 19 S. 372, RG. 26 S. 60.

[47] HGB. § 343, 344 Abs. 1. Damit entfällt die Annahme Staubs 1212[26].

ist, unter den Begriff des Rechtsgeschäftes aber jede rechtlich bedeutsame Willenserklärung fällt, ist der Begriff des Handelsgeschäftes aufs weiteste zu fassen.[48]

Es ist also gleichgültig, ob die Ware mit Willen des Gläubigers in seinen Besitz gekommen ist; dagegen darf der Wille des Schuldners der Besitzerwerbung des Gläubigers nicht entgegenstehen. Der Gläubiger darf zu der Zeit, wo er das KZR. erwirbt,[49] nicht gegen den Willen des Schuldners sich im Besitze der Ware befinden. Es ist wohl möglich, daß der Schuldner gar nicht darum wußte.[50] Hat also ein Spediteur von einem Dritten Waren erhalten, die er deren Eigentümer, seinem Schuldner, übergeben soll, dann hat er, ohne dem Rückforderungsrecht des Absenders weichen zu müssen,[51] ein KZR. wegen der Forderung gegen den Schuldner. Der entgegenstehende Wille des Schuldners ist zu vermuten, wenn der Gläubiger die Ware an sich nahm,[52] von Dritten gegen den — ausdrücklichen oder stillschweigenden[53] — Willen des Schuldners erwarb, oder wenn dem Schuldner die Ware abhanden kam; wesentlicher Irrtum des Schuldners hebt den Willen nur dann auf, wenn der Schuldner wirklich anficht.[54]

---

es brauche, wenn zwischen Gläubiger und Schuldner abgeschlossen ist, nur auf einer von beiden Seiten Handelsgeschäft vorzuliegen. Irrig Frommhold 36. Vgl. Düringer und Hachenburg 564. A. A. Cosack 128.

[48] Unvollendetes Handelsgeschäft: RG. 26 S. 60; beiderseitige Erwartung eines Handelsgeschäfts: ROHG. 10 S. 236, Lehmann 88; Auflagernahme einer sofort zurückgewiesenen unbestellten Sendung: RG. 26 S. 58, a. A. Hahn 177.

[49] A. A. die Meisten; der bei der Besitzerwerbung vorhandene Wille des Schuldners nützt jedoch garnichts, wenn er sich bis zur Entstehung des KZR. geändert hat. Andererseits kann der entgegenstehende schuldnerische Wille durch spätere Zustimmung ersetzt werden. Wesentlich ist — vgl. Hahn 177, Korn 43 gegen Go. I 2 § 98 No. 64, — daß der Besitz des Gläubigers zur Zeit der Entstehung des KZR. in rechtlich relevanter Weise dem Willen des Schuldners nicht widerspricht.

[50] Go. I 2 1036; a. A. Prot. 461.

[51] Go. I 2 1057; a. A. Korn 42.

[52] ROHG. 19 S. 372. Staub 1212.

[53] Düringer und Hachenburg 563.

[54] Staub 1212; a. A. Korn 42.

Dem entspricht die ausdrückliche Bestimmung des § 369, 3 HGB. Hat der Gläubiger den Besitz lediglich im Hinblick auf einen der Zurückbehaltung widersprechenden Erfolg — kraft einer vom Schuldner vor oder bei der Übergabe erteilten Anweisung[55] — erlangt, so soll ein solcher Besitz nicht zur Entstehung des KZR. genügen.[56]

Man darf diesen Fall nicht verwechseln mit dem gleichfalls in § 369, 3 erwähnten, daß der Gläubiger sich verpflichtet, mit einer bestimmten Ware in einer der Zurückbehaltung widerstreitenden Weise zu verfahren: das Recht zu der Verabredung, das KZR. solle im Verhältnis zwischen ihnen überhaupt nicht platzgreifen, muß man den Parteien absprechen. Ist der bestimmte Tatbestand gegeben, so tritt mit Notwendigkeit — trotz entgegenstehender Parteiabrede — das KZR. ein. Es kann durch Parteiwillen ebensowenig ausgeschlossen wie begründet werden.[57] Auch die Verabredung bez. einer bestimmten Ware bedeutet nicht Spezialausschluß des KZR.: das KZR. entsteht trotzdem. Der Gläubiger ist nur obligatorisch verpflichtet, von seinem Rechte keinen Gebrauch zu machen.

Anders die Anweisung. Die dem Begriffe des KZR. innewohnende Pflicht zur Zurückgabe bez. Weitergabe kann das Gesetz hier nicht meinen.[58] Vielmehr muß erkennbar der Zweck der Rückgabe oder Weitergabe der primäre sein: anderweite Verpflichtungen, auf die Ware einzuwirken, dürfen lediglich sekundäre sein.[59] Daraus folgt: ausdrückliche Anweisung des Schuld-

---

[55] Einer ausdrücklichen Erklärung des Gläubigers bedarf es nicht.

[56] Von Amts wegen zu berücksichtigen.

[57] Das KZR. tritt kraft Gesetzes ein; a. 316 des a. HGB. ist weggelassen. Daher irrig Cosack 130 (ähnlich Dernburg III 766): Das KZR. beruhe auf der stillschweigenden Einwilligung des Schuldners, der die Ware als Sicherheit in die Hand des Gläubigers gelangen lasse (im a. HGB naheliegend: Laband 493). So wird das KZR. fast gänzlich seiner Wirkung beraubt und man muß zu Inkonsequenzen kommen, wie Laband 494. Ähnlich wie Cosack: ROHG. 2 N. 15, 7 N. 53; RG. 12 S. 91, 26 S. 16.

[58] Staub 1216[36], Düringer und Hachenburg 572[9].

[59] Daher gehört nicht hierher, wie Cosack (130) meint, der Vertrag über Ausbesserung oder Bearbeitung einer Ware: hier ist der primäre Zweck die

ners, mit der Ware in dieser Weise zu verfahren, ist weder notwendig[60] noch genügend. Wenn der Schuldner, nur um dem Gläubiger den Schutz des KZR. zu nehmen, diesen ausdrücklich anweist, ihm die Sache nach der Bearbeitung zurückzugeben, so kann er sich auf § 369, 3 nicht berufen; andererseits bedarf es für den Handlungsagenten, der von dem durch ihn regelmäßig vertretenen Hause auf seine Bestellung Waren erhält, die er an den Dritten weiterzugeben hat, keiner ausdrücklichen Anweisung seines Hauses, um ihn des Schutzes des KZR. zu berauben. Das richterliche Ermessen ist maßgebend, ob der Zweck der Rückgabe bez. Weitergabe der primäre war oder nicht.[61]

Die Zuwiderhandlung gegen die Disposition des Schuldners verstößt dann nicht mehr gegen Treu und Glauben, wenn der Schuldner den Konkurs eröffnete, Zahlungen einstellte oder die gegen ihn vorgenommene Zwangsvollstreckung erfolglos war, aber nur, wenn der Gläubiger davon bei Übergabe der Sache oder bei Übernahme der Verpflichtung keine Kenntnis hatte.[62] Nimmt er die Ware trotz seiner Kenntnis von der schlechten Lage des Schuldners an, so ist er an die Disposition wie sonst gebunden.[63]

II.

Wirkungen.

Der Gläubiger hat das Recht, wegen dieser eigengearteten Forderung diese eigengeartete Deckung zurückzubehalten[a] und sich aus ihr zu befriedigen.[b]

Bearbeitung. — Irrig Hahn 183: Die ursprüngliche causa detentionis braucht vor dem Eintritt des KZR. ihr Ende nicht erreicht zu haben. — Den im Text ausgeführten Gedanken erfaßt viel glücklicher das ungarische HGB. § 309 Abs. 1 (v.: behufs bestimmter Verfügung).

[60] Korn 60, Hahn 184. Gute Beispiele bei Staub 1216 ff.

[61] Korn 64.

[62] HGB. § 370 Abs. 2.

[63] Staub 1222; sehr eingehend Düringer und Hachenburg.

[a] HGB. § 369.

[b] HGB. §§ 371 und 372.

§ 4.

a) Die Herausgabeverweigerung.

Der Gläubiger kann die Ware zurückbehalten, d. h. er kann gegenüber der Klage des Schuldners ihre Herausgabe verweigern.[1]

Das Recht zur Herausgabeverweigerung entsteht sofort, wenn die Voraussetzungen des KZR. in einem Momente zusammentreffen.[2] Der Besitz als solcher genügt. Ein weiterer vorhandener Besitztitel kommt nicht mehr in Betracht. Es ist also unwesentlich, ob der Gläubiger auf Grund eines obligatorischen Verhältnisses zur Herausgabe verpflichtet ist.[3] Nur soweit der Besitz in seiner Fortdauer dem Schuldner gegenüber als fehlerhaft erscheint, ist die Zurückhaltung ausgeschlossen.[4]

Der Gläubiger hat alle Rechte eines Besitzers.[5] Er kann aber auch für die nicht notwendigen Verwendungen auf die Sache dann Ersatz verlangen, wenn sie auf einen dem Interesse und dem wirklichen oder mutmaßlichen Willen des Schuldners entsprechenden Zweck hinauslaufen.[6]

Seine Sorgfaltspflicht ist die eines ordentlichen Kaufmanns;[7] sie wird jedoch meist dadurch auf Vorsatz und grobe Fahrlässig-

---

[1] Die Geltendmachung dieser Einwendung führt zur Klagabweisung, nicht zu bedingter Verurteilung: so das BZR, BGB. § 274.

[2] HGB. § 369: „Ein Kaufmann hat..."

[3] Sonst würde ihm die eigene Berechtigung Nachteil bringen; vgl. Korn 92, a. A. Hahn 190, gegen ihn Go. I 2 1047; s. o. § 3 a. E.

[4] Analog BGB. § 1007. Der Gläubiger hat zu prüfen, ob alle Voraussetzungen vorliegen, und ist wegen widerrechtlicher Retention schadensersatzpflichtig Go. I 2 1054. Er hat das Recht aus CPO. § 771; vgl. Petersen-Anger II 385. — Das Folgende gilt nicht im Falle § 369 Abs. 1 S. 2.

[5] Vgl. BGB. §§ 858 ff., 1007; §§ 994, 995; vgl. 249, 252.

[6] BGB. § 683; analog § 1216. Die nicht auf die Befriedigung bezüglichen Vorschriften des BGB. für das Pfandrecht sind zum Teil, wenn auch mit größter Vorsicht, auf das KZR. anzuwenden; vgl. auch Eg. zum HGB. Art. 2 und Düringer und Hachenburg S. 583. Viel zu weit Schlegelberger 194

[7] HGB. § 347. Dazu gehört z. B. rechtzeitige Präsentation eines Wechsels und Einziehung von Coupons und Dividendenscheinen Laband 498, 374, Korn 73. Seine Verpflichtung zu Aufwendungen ist höher als nach BGB.: hier § 1216.

keit verringert sein, daß sich der Schuldner im Annahmeverzuge befindet, dergestalt, daß er zwar zur Annahme sehr bereit, aber zur Bewirkung der Gegenleistung keineswegs geneigt ist.[8] Man wird ihm, der die Ware ja zu verwahren hat,[9] dann einen Anspruch auf Lagergeld zugestehen müssen.[10]

Der Gläubiger hat die Pflicht, bei drohendem Verderb oder wesentlicher Wertminderung der Ware dem Schuldner Anzeige zu machen,[11] damit dieser die zur Erhaltung notwendigen Schritte vornehmen kann. Er hat den Schuldner aber auch von seiner Zurückbehaltungsabsicht dann zu benachrichtigen, wenn das Verschweigen dieser Absicht gegen Treu und Glauben laufen würde; dieser Fall wird deshalb sehr häufig sein, weil der Gläubiger meist erst wegen der Dispositionen des Schuldners zur Zurückbehaltung schreitet.[12]

Sieht der Schuldner, daß der Gläubiger seine Rechte in irgendeiner Weise verletzt, und hat er ihn ohne Erfolg davon abzubringen gesucht, so kann er Hinterlegung der Sache auf Kosten des Gläubigers verlangen.[13] —

Der Gläubiger kann sein Recht ausüben nicht nur wegen der Hauptforderung, sondern wegen aller aus dem Besitz der Ware[14] resultierenden Kosten sowie wegen Zinsen und Vertragsstrafen der Forderung.[15] Die in den Händen des Gläubigers befindliche Ware soll jedoch nur in der Höhe gebunden sein, als der Schuldner dem Gläubiger wirklich schuldet.[16]

---

[8] BGB. § 298, 300; HGB. § 347 Abs. 2.

[9] BGB. § 1215.

[10] Vgl. Staub 1219, 1105; RG. 1 S. 284. Schlegelberger 231f.

[11] BGB. § 1218 Abs. 2; Dernburg III 730 Note 3; dazu BGB § 1219.

[12] Die ausdrückliche Konstatierung der weggefallenen Benachrichtigungspflicht des alten HGB. Art. 315 erübrigt sich, wenn wir diese in der Einschränkung Labands (499) auffassen. Vgl. Go. I 2 1055, Korn 72 ff., Hahn 189. Die Ansicht Wolffs (262), daß durch die Anzeige für den Gläubiger ein Pfandrecht konstituiert werde, ist widerlegt mit der Widerlegung der Behauptung, das KZR. entstehe aus dem erklärten Willen des Gläubigers und dem mutmaßlich übereinstimmenden Willen des Schuldners, s. o. § 3 Note 57.

[13] BGB. § 1217 Abs. 1.

[14] BGB. § 1210 Abs. 2. ROHG. 2 S. 383; Laband 448, Go. I 2 1048.

[15] BGB. 1210 Abs. 1. Staub 1219.

[16] Dies folgt aus § 369 Abs. 4.

Der Zweck des KZR. ist nicht Zwang zur Erfüllung, sondern Sicherung der Erfüllung.

Diese ist aber schon dann gesichert, wenn der Wert der Forderung dem präsumtiv niedrigsten Betrage des Erlöses aus der zurückbehaltenen Sache entspricht.[17] Der Überschuß kann daher ohne weiteres herausverlangt werden.

Jede Minderung der Forderung zieht demnach die Minderung der verhafteten Ware nach sich,[18] sie wäre denn unteilbar.[19] Daraus folgt weiter, daß die Ausübung des KZR. dann ausgeschlossen ist, wenn der Gläubiger schon in anderer Weise, etwa durch Pfand, gesichert ist.[20] Ja der Schuldner und derjenige, welcher durch die Veräußerung des Zurückbehaltungsobjektes ein Recht an ihm verlieren würde,[21] kann sogar die Ausübung[22] des KZR. durch Sicherheitsleistung[23] abwenden dergestalt, daß der Gläubiger schadenersatzpflichtig wird, wenn er die Ware nicht zurückleistet.[24] Die Sicherheit darf an Bequemlichkeit der Realisierung nicht hinter den Zurückbehaltungswaren zurückstehen. Sie ist jedoch schon dann genügend, wenn sie den Wert der Forderung erreicht, ohne dem der höherwertigen unteilbaren Zurückbehaltungsware gleichzukommen;[25] eine durch eine höhere Forderung gebundene geringere Deckung wird schon durch eine der geringeren Deckung entsprechende Sicherheit ausgelöst.

Trotz der vorhandenen Sicherung entsteht das KZR., trotz der hinzutretenden Sicherung geht es nicht unter. Aber es darf

---

[17] Hahn II 182; entgegengesetzt das Pfandrecht, BGB. §§ 1222, 1257, 1230. Pignoris causa est indivisa. Vgl. aber BGB. §§ 560, 562.

[18] Düringer und Hachenburg 574, ROHG. 19 S. 373.

[19] Lehmann 90. ROHG. 2 Nr. 86.

[20] Hahn 182; BGB. § 232 Abs. 1, Ausnahme: Bürge.

[21] BGB. §§ 1249, 268.

[22] Auch die Verkaufsbefugnis, Laband 501; a. A. Korn 102. ROHG. 2 S. 383.

[23] HGB. § 369 Abs. 4; BGB. §§ 232 ff. Anders Pfandrecht BGB. § 1218 Abs. 1; vgl. BGB. § 273 Abs. 3, Gegensatz § 320. Dazu Planck II § 273 N. 2.

[24] Go. I 2 1055. Staub 1218.

[25] Staub 1219.

nicht ausgeübt werden. Fällt die Sicherung weg, so erhält das bis dahin lediglich latente KZR. seine volle Wirkungskraft.

Der Schuldner kann den Gläubiger auf die Zurückbehaltungsware verweisen mit dem Erfolg, daß sein übriges Vermögen nicht angegriffen werden kann.[26] Zwar ist die Zwangsvollstreckung nicht von Amts wegen abzulehnen, aber der Schuldner kann der Vollstreckungshandlung des Gläubigers die Einrede der Deckung[27] entgegensetzen. Dies gilt natürlich nur, soweit die Forderung durch die Ware gedeckt ist. Daher ist Zwangsvollstreckung wohl möglich, wenn die Forderung größer ist als die Deckung, oder wenn die Retentionsware ohne Schuld des Gläubigers untergeht. Der Schuldner hat die Einrede auch dann, wenn das KZR., ohne geltend gemacht zu werden, besteht. Für sein Bestehen ist er beweispflichtig, denn es kann sehr wohl in seinem Interesse liegen, daß der Gläubiger gezwungen ist, seinen Rechtsverfolgungsangriff auf die Retentionsware zu beschränken.

Daraus wiederum folgt, daß auch der Gläubiger nicht stets, ohne schadensersatzpflichtig zu werden, den Besitz an der Ware aufgeben kann. Es kann wider Treu und Glauben verstoßen, dem Schuldner die Verweisung auf diese Exekutionsgegenstände zu nehmen.[28] Die der Besitzaufgabe des Gläubigers entgegentretende Erklärung des Schuldners ist jedoch weder notwendig noch genügend.[29]

Die Entscheidung der Frage: Wie wirkt das KZR. gegenüber Dritten? ist in der gesamten Literatur davon abhängig gewesen, ob der betreffende Autor aprioristisch das KZR. als ein dingliches oder ein obligatorisches Recht betrachtete.[30]

Es ist aber zu konstatieren, daß das Gesetz selbst die Frage

---

[26] CPO. § 777, vgl. 766.

[27] Beneficium excussionis reale.

[28] Führt man mit Düringer und Hachenburg (571) den obligatorischen Charakter des KZR. konsequent durch, so muß man mit ihnen zu dem nach unserer Ansicht unzutreffenden Resultat kommen, daß es bei Besitzaufgabe zur Beseitigung des KZR. noch eines Erlaßvertrages bedürfe.

[29] Vgl. o. § 3 bei Note 60.

[30] Diese Meinung vertreten mit Energie Düringer und Hachenburg 567, jene Staub 1214 ff.

nicht entscheidet, ob das KZR. als ein dingliches oder ein obligatorisches Recht anzusehen sei.[31] Es erscheint uns daher richtiger, nach unseren bisherigen Ergebnissen und den Andeutungen des Gesetzes die Wirkung des KZR. gegenüber Dritten zu umgrenzen und die Frage der Dinglichkeit vorerst außer acht zu lassen.

Der Gläubiger erwirbt das KZR. nur dann, wenn die Ware im Eigentume des Schuldners stand zu der Zeit, als alle übrigen Voraussetzungen des KZR vorlagen. Steht sie zu dieser Zeit im Eigentume eines Dritten, so nützt dem Gläubiger sein guter Glaube nichts.[32] Hat der Schuldner Eigentum an ihr, ein Dritter aber nur ein dingliches Recht, so erwirbt der Gläubiger das KZR., das jedoch der Klage der bereits vorhandenen Berechtigten weichen muß. Auch hier genügt der gute Glaube des Gläubigers nicht, um das KZR. über bereits vorhandene dingliche Rechte obsiegen zu lassen. Das Hand wahre Hand Prinzip greift nicht Platz. Wohl aber kann der Gläubiger hier die Befriedigung betreiben, wenn der dinglich Berechtigte dies nicht selbst tut.[33]

Ist der Zurückbehaltungsberechtigte zur Zeit, wo das neue dingliche Recht entsteht, im Besitze der Ware, dann kann der Schuldner ein dingliches Recht an der Ware nur übertragen durch Abtretung des Anspruchs auf Herausgabe.[34] Gegen einen derartigen Eigentümer oder sonst dinglich Berechtigten, der sein Recht vom Schuldner herleitet, kann der Gläubiger natürlich sein KZR. ebensogut geltend machen, wie gegen den Schuldner.[35]

---

[31] Vgl. nur § 369 Abs. 2. Die Fassung ist anfechtbar; vgl. Adler bei Holdheim 6 S. 9.

[32] S. o. § 3 bei Note 27—30. Düringer und Hachenburg 586; §§ 1207, 1208 BGB. greifen nicht Platz; Cosack 131.

[33] S. u. § 5 vor Note 5.

[34] BGB. § 931.

[35] Nemo plus iuris transferre potest quam ipse habet; vgl. BGB. § 986 Abs. 2, HGB. § 369 Abs. 2. Düringer und Hachenburg 567. Beizustimmen der Behauptung Düringers und Hachenburgs, daß bei mittelbarem Besitz des Gläubigers dessen KZR. unwirksam sei gegenüber dem KZR., das der unmittelbare Besitzer später erwirbt. S. auch BGB. § 1032, 1205 Abs. 2. D. 212. Staub. Gierke, Fahrnisbesitz 44. Frommhold (65) nennt diese Wirkung

Dies gilt auch dann, wenn der neue dinglich Berechtigte neben dem Anspruch auf Herausgabe auch Besitz erwirbt, nämlich im Falle der Übergabe des indossierten Warenpapiers.[36]

Das KZR., das den Willen des dinglich Berechtigten bricht, zerstört auch den Willen seines Rechtsnachfolgers. Soweit jedoch später entstehende dingliche Rechte ihre Entstehung nicht dem Willen des Schuldners verdanken, sind sie nach der ausdrücklichen Bestimmung des Gesetzes[37] geeignet, das KZR. zu besiegen. Indes muß man sich hüten, gerade diesen überaus seltenen Fällen einen Maßstab anzulegen.[38]

Sowohl der Gläubiger als auch der Dritte, der später ein gesetzliches Pfandrecht erwirbt, müssen Besitz an der Ware haben. Es kann daher, außer im Falle des Warenpapiers, für die Übertragung des Besitzes an den Dritten nur der Gläubiger in Betracht kommen. Der Fall, daß der Dritte den Besitz eher und nicht vom Gläubiger erlangt, ist hier ausgeschlossen. Es wird also die Sachlage stets eine derartige sein, daß der Gläubiger — etwa als Verkäufer — die Ware, die bereits im Eigentume des Schuldners steht, diesem durch Spediteur oder Frachtführer zusenden läßt, sie einem Lagerhalter oder Verkaufskommissionär übergibt.

Nun aber sind die gesetzlichen Pfandrechte nach Handelsrecht nicht originärer, sondern rein derivativer Natur.[39] Sie sind also so zu behandeln, wie ein vertragsmäßiges Pfandrecht, das durch Übergabe entsteht: es ist ein dem Pfandgläubiger abgeleiteten Rechtserwerb vermittelndes Verfügungsgeschäft zu fingieren.

---

eine dingliche. Über den Fall, daß der Gläubiger zugleich ein Pfandrecht an der Sache hat, vgl. D. 212 und BGB. §§ 1249 S. 2, 268 Abs. 3.

[36] Adler bei Holdheim 6 S. 11.

[37] HGB. § 369 Abs. 2.

[38] Eine Wirkung des KZR. gegenüber später entstandenen gesetzlichen Pfandrechten behauptet Staub 1214f., leugnen dagegen Cosack 131, Dernburg III 768, Düringer und Hachenburg 568; vgl. ROHG. 6 N. 69; 10 N. 13; 24 N. 96; RG. 8 S. 83. Go. I 2 1058. Beispiele in D. 212, deren Besprechung bei Staub 1215, Adler bei Holdheim 6 S. 10ff.

[39] HGB. § 366, 3.

Andererseits bedeutet das KZR. nicht allein ein Recht zur Herausgabeverweigerung, sondern ein Recht zur Befriedigung. Die Sache ist dem Gläubiger — begrifflich — definitiv verfallen. Es ist ein Recht, das die Sache belastet.

Demnach liegt kein Grund vor, den Zurückbehaltungsberechtigten nicht auf Grund BGB. § 1208 zu schützen. Ist also der Pfandgläubiger beim Erwerbe seines Rechtes nicht in gutem Glauben hinsichtlich des KZR., so gilt für ihn das gleiche, wie für den, der sein Recht vom beschränkt Berechtigten herleitet; dann geht also das KZR. dem später entstandenen gesetzlichen Pfandrechte vor.[40]

Aber auch hierbei müssen wir wieder eine Einschränkung machen. Sowohl für das KZR. wie für die gesetzlichen Pfandrechte des HGB. spielt der Besitz eine ausschlaggebende Rolle:[41] somit ist auch die Stärke des Besitzes für den Vorrang des Rechtes entscheidend. Das heißt: Bleibt der Gläubiger unmittelbarer Besitzer der Ware, so geht das KZR. dem später entstandenen gesetzlichen Pfandrechte nach § 1208 BGB. vor; wird er zum mittelbaren Besitzer, so siegt das gesetzliche Pfandrecht.

Ist das Recht des Dritten nicht vom Gläubiger abgeleitet, so geht das später entstehende gesetzliche Pfandrecht des Dritten dem KZR. vor, so

1. wenn der Dritte die Ware vom Schuldner übergeben erhielt, oder

2. wenn der Dritte die Ware als Kommissionär einkaufte, dem Schuldner an ihnen Eigentum übertrug, sie aber auf Lager behielt, und wenn dann in beiden unter 1 und 2 erwähnten Fällen der Schuldner das vom Dritten ausgestellte Warenpapier dem Gläubiger übergab.

Ein besonderer Schutz des Dritten liegt dann vor, wenn dieser an einem vom Gläubiger über das Gut des Schuldners ausgestellten Warenpapiere ein gesetzliches Pfandrecht erwirbt.

---

[40] A. A. D. 212. Daher steht auch das Pfändungspfandrecht dem früher entstandenen KZR. nach. CPO. § 804, 2; 766, 771; KO. § 49[4]. Dazu ev. CPO. 805. Düringer und Hachenburg 570.

[41] „sofern er es im Besitze hat"; vgl. HGB. §§ 397, 410, 421, 440.

Dies folgt aus der starken formalen Wirkung, die das HGB. diesen Papieren beigelegt hat.[42]

Das KZR. des Gläubigers geht durch den Verlust des Besitzes an der Ware zugrunde, also auch durch den unfreiwilligen.[43] Aber der Gläubiger kann, eben weil der Besitzverlust ein unfreiwilliger war, die Ware durch Klage wiedererlangen. Und zwar nicht nur vom bösgläubigen, nein auch vom gutgläubigen Besitzer, also auch vom dinglich Berechtigten, ja selbst vom bösgläubigen Eigentümer.[44] Diese Besitzerwerbung aber, die durch die Zurückgabe der Ware erfolgt, bedeutet nicht eine neue, sie erfolgt vielmehr auf Grund derjenigen, wodurch der Gläubiger einst das KZR. erwarb. Sie bedeutet lediglich eine Wiederherstellung des verlorenen Besitzes. Es sind also für sie billigerweise alle diejenigen Umstände zu fingieren, die den Gläubiger einst in den für ihn günstigeren Zustand versetzten. Das heißt: durch die Wiedererlangung des unfreiwillig verlorenen Besitzes erwirbt der Gläubiger sein verlorenes KZR. wieder.[45]

Gerät der Schuldner in Konkurs, so hat der Gläubiger wegen seiner Forderung[46] ein Recht auf abgesonderte Befriedigung aus den in seinem Besitz befindlichen Retentionsobjekten.[47] Es kann jedoch, wenn einer der gesetzlichen Gründe vorliegt,[48] das Rechtsgeschäft angefochten werden, durch das der Gläubiger das KZR. an der dem Kridar gehörenden Ware erwarb, also entweder sein Besitzerwerbsgeschäft oder das Rechtsgeschäft, wodurch die gläubigerische Forderung entstand. Die Ausübung des KZR. als solche ist nicht anfechtbar.[49]

---

[42] HGB. § 364 Abs. 2 in Verbindung mit § 369 Abs. 2; a. A. Staub 1215. Vgl. die Kritik Adlers bei Holdheim 6 S. 10f. mit der von Lehmann 91 gemachten Erweiterung.

[43] Auch hier a. A. nur Staub. BGB. § 856 Abs. 1.

[44] BGB. § 1007 Abs. 2.

[45] Vgl. schon Korn 105, auch Cosack 132.

[46] Reihenfolge: Kosten — Zinsen — Kapital, KO. § 48.

[47] KO. § 49 Z. 4: „in Ansehung gewisser Gegenstände". Dazu KO. §§ 64, 153.

[48] KO. §§ 29ff.

[49] Düringer und Hachenburg 571, ROHG. 17 S. 293.

Verweigert der Gläubiger die Herausgabe des Gegenstandes, ohne seine Verwertung zu betreiben, so kann das Konkursgericht ihm auf Antrag des Konkursverwalters eine Frist zur Verwertung setzen, nach deren Ablauf der Konkursverwalter die Verwertung des Gegenstandes selbst betreiben kann.[50]

Nach Eintritt des Konkurses kann ein KZR. mit Wirkung gegen die Konkursgläubiger von keinem Gläubiger des Kridars erworben werden.

§ 5.

b) Die Befriedigung.

Kraft des KZR. ist der Gläubiger befugt, sich aus den zurückbehaltenen Waren[1] für seine Forderung zu befriedigen.

Dazu ist er aber nicht verpflichtet: der Schuldner kann nur der Zwangsvollstreckung in sein übriges Vermögen widersprechen.[2]

Die Befriedigungsmöglichkeit tritt für den Gläubiger sofort ein, sobald sämtliche Voraussetzungen des KZR. vorhanden sind. Ihr Eintritt ist unabhängig von Parteiabrede[3] wie von Verzug des Schuldners, obwohl dieser meist[4] infolge des Ausklagens der Befriedigungsmöglichkeit sich in Verzug befinden wird. Andererseits ist auch unwesentlich, ob der Gläubiger wegen einer anderen Forderung die Waren zurückbehält als der, wegen deren er sich jetzt aus ihnen befriedigen will. Der Wille der Parteien bleibt außer Betracht.

Wesentlich ist, daß der Gläubiger die Waren besitzt. Besitzt er sie, so kann er sich selbst dann aus ihnen befriedigen, wenn ein ihm im Range vorgehender Pfandgläubiger vorhanden ist, der die Befriedigung nicht selbst betreibt. Hat er zwar das Zurückbehaltungsrecht, aber der im Range ihm Vorgehende auch den Besitz an der Ware, dann ist dieser zur Herausgabe der

---

[50] KO. § 127.

[1] Die „Besserung" gebührt dem Schuldner; vgl. BGB. § 1230.

[2] Staub 1222; ROHG. 10 S. 237; RG. 2 S. 35.

[3] Anders Pfandrecht, Fischer-Henle § 1228 N. 2; a. A. Dernburg III 732.

[4] Aber nicht im Falle des BGB. § 1285 und wenn der Gläubiger gegen den Eigentümer klagt, ohne den Schuldner zu mahnen (vgl. BGB. § 1284).

Ware nicht verpflichtet, selbst wenn nur der Gläubiger die Befriedigung betreibt.[5]

Die Befriedigung erfolgt durch den Verkauf[6] der zurückbehaltenen Ware. Dabei kann der Gläubiger zwei Wege beschreiten. Er kann einmal die Forderung ausklagen und dann auf Grund des vollstreckbaren Schuldtitels in die Zurückbehaltungswaren Zwangsvollstreckung üben.[7] Er kann aber auch — und dies allein ist für das KZR. charakteristisch — die Deckung ausklagen. Er kann also die Erteilung eines vollstreckbaren Titels des Inhalts bewirken, daß ihm die Sache hafte.[8] Jene ist unstreitig Leistungsklage. Diese hat zwar den Anschein einer Feststellungsklage,[9] ist aber in Wahrheit auch eine Leistungsklage. Denn das Petitum ist nicht darauf zu richten, daß festgestellt werde, daß diese Ware dem Befriedigungsrechte des Gläubigers verfallen sei, sondern darauf, daß der Eigentümer als solcher gestatte, daß der Gläubiger diese Ware zu seiner Befriedigung verwerte.[10] Schutzgrund ist nicht wie bei der Feststellungsklage rechtlich oder wirtschaftlich bedrohliches Verhalten des Beklagten. Schutzobjekt ist Konstituierung eines Exekutionsrechts, worauf der Gläubiger ein Recht hat. Dieses Recht wird verwirklicht durch Willenserklärung oder diese ersetzende Willensbeugung des Eigentümers. Der Eigentümer soll nicht anerkennen, daß ein KZR. besteht, sondern er soll gestatten, daß die Wirkungen des KZR. eintreten. Das den Eigentümer verurteilende gerichtliche Erkenntnis wird daher auszusprechen

---

[5] BGB. § 1232; Dernburg III 734.

[6] BGB. § 1228. Hier ist Verfallklausel undenkbar, vgl. BGB. § 1229.

[7] Nach den Regeln der CPO. Staub 1223. Vgl. auch BGB. § 772 Abs. 2.

[8] HGB. § 371 Abs. 3. Die Notwendigkeit dieses Titels in grundlegendem Gegensatz heute zum Pfandrecht. Anders z. B. noch A. L.-R. I 22 §§ 197, 198; vgl. auch D. 213, Düringer und Hachenburg 585 f.

[9] Dieser Ansicht Korn 91 f.: „Anerkennungsklage auf Feststellung des Retentionsrechts."

[10] Sie ist daher keine Klage um Schuld, sondern eine Klage um Gut. Klagbegründung ist nicht Bestehen der Forderung, sondern Entstehen des KZR. Klageinwendung ist nicht Negation der Schuld, sondern Negation des KZR.; a. A. Laband 497.

haben: „Der Eigentümer wird verurteilt, dem Gläubiger zu gestatten, sich aus den Zurückbehaltungswaren zu befriedigen.“[11]

Die Klage richtet sich gegen den Eigentümer[12] als solchen und im Falle des § 369 Abs. 1 Satz 2 gegen den, als dessen Vermögensstück die Sache im Verkehr betrachtet wird.[13] Sie ist daher eine dingliche Klage. Damit ist jedoch ein dingliches Recht des Gläubigers an der Ware noch nicht bewiesen.

Weiß der Gläubiger zur Zeit der Klagerhebung nicht, daß ein Dritter Eigentümer geworden ist,[14] so kann er den Rechtsstreit gegen den Schuldner, der zur Zeit seines Besitzerwerbs Eigentümer war, fortsetzen. Das in diesem Rechtsstreite gefällte Urteil wirkt dann auch gegen den dritten Eigentümer,[15] wenn das KZR. diesem gegenüber wirksam war.[16]

Der Gläubiger kann die Klage auch bei dem Gerichte erheben, wo er selbst seinen allgemeinen Gerichtsstand oder den der Niederlassung hat.[17] Nicht er muß dem Eigentümer, sondern dieser muß ihm folgen. Diese Zuständigkeit hat ihren Rechtsgrund in der Erleichterung des Gläubigers,[18] ist daher auch von ihr abhängig. Hat daher die Handelsniederlassung die Forderung gar nicht kontrahiert und befindet sich auch die Deckung nicht in ihrem Gewahrsam, so hat der Gläubiger kein Interesse, die Klage bei dem für die Niederlassung zuständigen Gerichte zu erheben und damit dem anderwärts wohnenden Eigentümer die Rechtsverteidigung zu erschweren. Regelmäßig wird also der

---

[11] Die nach DÜRINGER und HACHENBURG S. 528 mögliche Parteiabrede (BGB. § 1245), schon vor Fälligkeit der Forderung das Pfand verkaufen zu dürfen, kommt für das KZR. nicht in Betracht: das Bestehen des KZR. ist doch eine notwendige Voraussetzung der Klage aus ihm.

[12] Im Konkurs des Schuldners gegen den Konkursverwalter.

[13] HGB. § 371 Abs. 3; D. 211.

[14] Nur wirkliches Wissen hat diese Folge. STAUB 1228. DÜRINGER und HACHENBURG 588—590. Beweispflicht des Dritten.

[15] HGB. § 372; CPO. §§ 265, 325.

[16] Nach HGB. § 369 Abs. 2; vgl. auch LEHMANN 96.

[17] Elektiv! HGB. § 371 Abs. 4. Vgl. ROHG. 20 S. 179; a. HGB. Art. 315. HAHN II 187. Go. I 2 1050; CPO. §§ 13ff., 21.

[18] So D. 212.

Gläubiger bei dem Gerichte klagen, in dessen Bezirke sich die Ware befindet.[19]

Die Kosten des Rechtsstreits fallen dem Schuldner als solchem zur Last, selbst wenn er nicht unmittelbar zur Erhebung der Klage Anlaß gegeben hat. Der Schuldner hat vielleicht sofort auf die Klage seine Pflicht zur Gestattung der Realisierung anerkannt: trotzdem ist er kostenpflichtig. Denn nicht die Gestattung der Realisierung war der eigentliche materielle Inhalt der Rechtspflicht des Schuldners, sondern die Schulderfüllung.[20] Mit der Ausübung des KZR. wird aber nicht die Schulderfüllung erzwungen, sondern die mangelnde Schulderfüllung wird ersetzt. Das KZR. ist ein Deckungsrecht zugunsten des nicht befriedigten Gläubigers. Diese Nichtbefriedigung ist der Rechtsgrund zur Klagbefugnis. Daher ist der Gläubiger befugt, sich aus der retinierten Sache wegen der Schuld und der Prozeßkosten zu befriedigen. Der neue Eigentümer aber, der weder zur Klage Anlaß gegeben noch das Befriedigungsrecht des Gläubigers bestritten hat,[21] kann Ersatz der Prozeßkosten vom Schuldner verlangen.

Bestreitet der Eigentümer im Prozesse, daß der Gläubiger ein KZR. an der in seinem Besitze befindlichen Ware habe, so kann man dem Gläubiger nur den Beweis des Entstehens des KZR. aufbürden. Hat er den Besitz der Ware und beweist die Entstehung des KZR., so scheint ohne weiteres glaubhaft gemacht, daß, da der Zustand fortdauerte, auch das KZR. selbst nicht untergegangen sei. Er kann ja an sich überhaupt nur das Entstehen und nicht das Fortdauern des KZR. beweisen; und ihm die Widerlegung sämtlicher von einem übelwollenden Eigentümer aufgestellten Einwendungen aufzubürden, erscheint durchaus unbillig. Die Beweispflicht des Gläubigers umfaßt nur die Entstehung, nicht die Fortdauer des KZR.

---

[19] Nach Korn 90 forum rei sitae. Man wird dabei an den Gerichtsstand der Zwangsgewalt des germanischen Prozesses (vgl. Wach, HB. I 435) erinnert.

[20] So Düringer und Hachenburg 586f. gegen Staub 1224f.

[21] CPO. § 93. — Vgl. zum Text auch § 353 HGB.

Das in diesem Prozesse ergehende Urteil bewirkt kein Befriedigungsrecht[22] — dies ist vielmehr schon vorhanden; es bringt den Gläubiger nur der Befriedigungsmöglichkeit näher, bildet also lediglich eine Etappe auf dem Wege zur Befriedigung selbst. So hat das KZR. auch nach dem Urteil noch dieselben Wirkungen gegenüber den Rechten Dritter wie vor ihm.[23]

Trotzdem ist der vollstreckbare Schuldtitel für den Begriff des KZR. von konstitutiver Bedeutung. Die Befriedigung ist überhaupt erst nach seiner Erlangung zulässig.[24] Die Parteien können daher nicht durch Vereinbarung seine Notwendigkeit beseitigen,[25] ohne damit dem Rechte des Gläubigers den Charakter des KZR. zu nehmen. Auch darin zeigt sich, daß das KZR ein Recht mit gesetzlich fest umrissenen Wirkungen ist.

Die Befriedigung selbst erfolgt nun nach den für das Pfandrecht geltenden Vorschriften des BGB.[26]

Das Urteil lautet auf Gestattung der Befriedigung. Ob der Gläubiger jedoch von dieser Gestattung Gebrauch machen will, unterliegt lediglich seiner Entscheidung. Der Eigentümer ist daher durch die Erwirkung des vollstreckbaren Titels nur unterrichtet von der für den Gläubiger vorliegenden Verkaufsmöglichkeit, noch nicht von seiner Verkaufsabsicht. Um dem Eigentümer die Möglichkeit zu geben, noch jetzt die Ware einer für ihn vielleicht nachteiligen Realisierung zu entziehen, hat der Gläubiger ihm den Verkauf anzudrohen.[27] Erst eine Woche nach Androhung darf er zum Verkaufe schreiten;[28]

---

[22] Insbes. kein Pfandrecht: so Hahn II 188. Urteil schafft kein neues Recht; vgl. Windscheid I 368.

[23] Darüber oben § 4.

[24] Ausnahmen: Düringer und Hachenburg 586; anders das a. HGB. Art. 316.

[25] Eine Konstatierung dieser Abweichung von BGB. § 1245 gemäß HGB. § 371 Abs. 2 Satz 1 war deshalb nicht nötig, da ja bei mangelndem Schuldtitel Befriedigungsmöglichkeit noch gar nicht vorliegt; a. A. Staub 1227.

[26] HGB. § 371; BGB. §§ 1228—1249.

[27] Nach BGB. § 1234 Abs. 1; Ausnahmen bei Fischer-Henle § 303 A. 4.' Im Falle des § 369 Abs. 2 S. 2 an den Schuldner. Staub 1225.

[28] HGB. § 371 Abs. 2 S. 2 (vgl § 1234 Abs. 2 BGB.). Nach BGB. ein Monat Frist, BGB. § 1234 Abs. 1; vgl. D. 209, HGB § 368, Düringer 555.

Androhung wie Wartefrist unterliegt jedoch der Parteivereinbarung.[29]

Der Gläubiger bedarf zum Verkaufe nicht der Mitwirkung der gerichtlichen Organe.[30] Die Versteigerung selbst erfolgt nach den Regeln des bürgerlichen Gesetzbuches[31] und hat die hiernach bestimmten Wirkungen.[32]

III.

§ 6.

Beendigung.

Das KZR. entsteht mit dem Gegenüberstehen dieser eigengearteten Forderung und dieser eigengearteten Deckung. Ihr Untergang bedeutet daher auch den seinen.

Das Bestehen des KZR. ist abhängig von der Tatsache, daß dem Gläubiger gegen den Schuldner eine Forderung zusteht. Der Untergang der Forderung, gleichviel ob durch Erfüllung, Aufrechnung, Erlaß, ja selbst durch Hinterlegung,[1] hat daher den Untergang des KZR. zur Folge.[2] Das KZR. geht aber billigerweise auch schon dadurch unter, daß der Schuldner das zur Befriedigung des Gläubigers seinerseits Erforderliche tut. Durch den rechtmäßigen Verkauf der Zurückbehaltungsware gilt der Gläubiger, insoweit als ihm der Erlös aus ihr gebührt, als vom Eigentümer befriedigt. Die zwischen dem Gläubiger und dem Schuldner bestehende Schuld ist damit erloschen,[3] also auch das KZR.

Eigenartig liegt der Fall, wenn die Forderung verjährt. Hier soll der Schuldner den Gläubiger befriedigen: denn das zur

---

[29] BGB. § 1245. § 1246 greift nicht Platz.

[30] BGB. §§ 1235, 1221 (383 Abs. 2), 1245 (1229!), 1246.

[31] BGB. §§ 1236ff. Hinsichtlich der Versteigerung von Wertpapieren vgl. §§ 1293ff., 1277, 1282 Abs. 2; dazu HGB. § 364 Abs. 2.

[32] BGB. §§ 1242—1244, 1247 (267), 1248; vgl. HGB. § 366. Hinsichtlich des Erfordernisses des vollstreckbaren Schuldtitels vgl. Staub 1224, D. 214.

[1] In viel weiterem Maße als beim Pfandrecht, vgl. BGB. § 1242, HGB. § 369 Abs. 4.

[2] HGB. § 369 Abs. 1 S. 1.

[3] BGB. §§ 1247, 267.

Befriedigung eines verjährten Anspruchs Geleistete kann auch dann nicht zurückgefordert werden, wenn die Leistung in Unkenntnis der Verjährung erfolgte.[4] Die Schuld wirkt also weiter. Nur ist ihr keine Klage mehr gegeben. Kraft ausdrücklicher Gesetzesbestimmung bleiben Hypothek und Pfandrecht bei Verjährung der Forderung bestehen,[5] das KZR. aber geht bei Verjährung unter. Denn einmal ist nicht zu sehen, wie die vom Gesetze konstatierte Ausnahme ohne weiteres auf das KZR. übertragen werden könnte.[6] Andererseits wäre es unbillig, diesen für den Gläubiger günstigen Zufall zu ungunsten des Schuldners wirken zu lassen.

Aus klagloser Schuld geht für den Gläubiger kein KZR. hervor. Das KZR. wirkt nur da, wo der Schuldner mit einer Klage angegriffen werden kann.[7]

Der Schuldner kann das KZR. des Gläubigers aber auch dadurch zerstören, daß er ihm andere Sicherheit bestellt.[8] Beachtlich ist, daß das Gesetz hier die Sicherheitsleistung durch Bürgen ausschließt.

Das KZR. geht unter, wenn KZR. und Eigentum in einer Person zusammentreffen,[9] und wenn die Zurückbehaltungsware, gleichviel durch welche Ursache, untergeht,[10] es sei denn, daß ihre Stelle von anderen Wertträgern ausgefüllt wird. In diesen letzteren Fällen beruht der Untergang des KZR. nicht auf der Beendigung der Schuld, sondern der Deckung als Voraussetzung des KZR. Dagegen ist der Fall der Sicherheitsleistung insofern eigenartig, als Schuld und Deckung weiter bestehen bleiben.

Das KZR. ist davon abhängig, daß es nach außen in die Erscheinung tritt. Das Vorhandensein der Deckung für die be-

---

[4] BGB. § 222 Abs. 2.

[5] BGB. § 223; s. o. § 2 N. 39.

[6] Sievers S. 47.

[7] O. § 2 N. 35. — Hat sich der Eigentümer der auf Grund von Handelsgeschäften in meinem Besitz befindlichen Ware für die Forderung, die mir gegen einen Dritten zusteht, verbürgt, so habe ich dieser Bürgschaft wegen ein KZR. BGB. § 765 Abs. 1; HGB. § 350.

[8] Anders das a. HGB. A. A. Schlegelberger 239.

[9] Aber HGB. § 369 Abs. 1 S. 2.

[10] BGB. § 281.

hauptete Schuld muß sichtbar sein. Das KZR. geht daher auch dadurch unter, daß der Gläubiger den Besitz an der Zurückbehaltungsware verliert.[11] Gibt er den Besitz freiwillig auf, was er jederzeit kann,[12] so hat er damit die Entlassung der Ware aus der Haftung selbst bekundet. Verliert er dagegen den Besitz ohne oder gegen seinen Willen, so gewinnt er mit dem Besitz sein altes KZR.[13] zurück. Auch die Geltendmachung eines stärkeren Rechtes[14] bewirkt Besitzverlust und damit Beendigung des KZR.

Zweiter Teil.

Seine Entstehung und Rechtsnatur.

§ 7.

Gegensätze.

Die Ergebnisse unserer bisherigen Untersuchung sind folgende:

Die Wirkung des KZR. ist eine einheitliche.[1] Es bezielt von vornherein die Befriedigung des Gläubigers. Es sichert ihn für seine Forderung.[2] Es bedeutet somit Haftung der Zurückbehaltungsware: Realobligation.[3]

---

[11] Anders Staub Anm. 61 zu § 369 bez. des unfreiwilligen Besitzverlustes.

[12] A. A. Düringer und Hachenburg 585; Arg. aus BGB. § 397.

[13] Vgl. Korn 105, Sievers 46. A. A. Cosack 132.

[14] O. § 4. S. auch BGB. §§ 929, 932.

[1] A. A. Hahn 181, Gareis 519.

[2] Ist der Gläubiger anderweit für seine Forderung gesichert, so entsteht das KZR. trotzdem; der Gläubiger kann es nur nicht ausüben: ein nur in diesem Sinne subsidiäres Recht; vgl. Go. I 2 S. 1048. O. § 4 nach N. 25. Vgl. auch Schlegelberger 239.

[3] Diese Haftung wird geltend gemacht durch Klage gegen den Eigentümer der Ware. Das bedeutet nicht, daß der Eigentümer mit der Sache hafte: Realobligation ist Haftung der Sache selbst. Mit einer Klage angegriffen werden kann nur, was haftet. Beklagter kann aber immer nur

Dabei ist gleichgültig, ob die Rechtsgeschäfte des Besitzerwerbs an der Ware und der Begründung der Forderung in einem Zusammenhange stehen. Es besteht kein Erfordernis der Konnexität.

Anders das BZR. und die Kompensation.[4]

Das BZR. hat das Erfordernis der Konnexität; es will nicht dem Gläubiger in der zurückbehaltenen Sache einen Ersatz für die mangelnde Schulderfüllung gewähren,[5] sondern nur einen Druck auf den säumigen Schuldner ausüben.[6] Es ist auch sonst das schwächere Recht.

Die Aufrechnung ist Surrogat der Erfüllung, d. h. Durchsetzung der Schulderfüllung, nicht ihr Ersatz. Sie bedeutet Erfüllung zweier Genusschulden.[7]

Das KZR. setzt wahres Eigentum des Schuldners an den Zurückbehaltungsobjekten voraus. Seine Wirkung gegen Dritte ist eine beschränkte. Es ist daher, obwohl Sachhaftung, kein Pfandrecht im Sinne des BGB.[8] Für dieses gilt hinsichtlich seiner Entstehung das Hand wahre Hand Prinzip. Die Pfandhaftung ist eine intensivere: es bedarf für den Verkauf keines vollstreckbaren Titels. Der Pfandgläubiger ist nicht verpflichtet, gegen anderweite Sicherheit das Pfand zurückzugeben. Die Wirkung gegen Dritte ist eine stärkere. Das Pfandrecht bleibt bestehen, selbst wenn die persönliche Haftung, z. B. durch Verjährung, zugrunde geht: es ist nur abhängig vom Bestehen der Schuld. Das KZR. steht und fällt mit der persönlichen Haftung.[9] Es geht aber auch schon im Gegensatze zum Pfandrechte mit dem Besitze an der verhafteten Sache verloren.

---

eine Person sein, nie eine Sache. Soll die haftende Sache angegriffen werden, so bedarf sie eines Repräsentanten: natürlicher Repräsentant der Sache ist aber ihr Eigentümer.

[4] Vgl. aber Prot. 1347. 1351. Korn 19 f., 72 f. Hahn 181. Laband 484.

[5] In Betracht kommt nur BGB. 273, 2.

[6] ROHG 2 S. 383. 15 S. 99. Düringer und Hachenburg 561b.

[7] BGB. 387. Beim KZR. wird die Erfüllung der auf seiten des Gläubigers vorliegenden Speziesschuld nicht angestrebt.

[8] Vgl. österr. Entwurf § 10. 1. Nürnberger Entwurf Art. 252. Go. I 2 S. 1031; Reinhold, ROHG. 2 S. 77, 5 S. 307, 10 S. 74 usw.

[9] Vgl. o. § 2 bei N. 35; § 6 bei N. 7.

Das KZR. ist also von einem Zustande abhängig: man hat es daher selbst als einen Zustand, eine Rechtslage bezeichnen wollen. Das ist zweifellos im Sinne des BGB. unrichtig: es genießt den Rechtsgüterschutz des § 823, 1; die Beweislast des Gläubigers erstreckt sich wie bei anderen Rechten nur auf die Entstehung, nicht aber das Fortbestehen des KZR.[10] Es gehört also zu den Rechten im weitesten Sinne, ohne wie diese lediglich rechtfertigender Natur zu sein.[11] Seine Wirkung erschöpft sich nicht in der Rechtfertigung der Zurückbehaltungshandlung:[12] es giebt einen Anspruch. Ist es demnach ein anspruchgeschütztes Recht, so ist es dennoch kein Vermögensrecht. Es ist kein Gegenstand des verfügungsgeschäftlichen Verkehrs: kein Gegenstand im Sinne des BGB.[13]

Das KZR. wird weder durch Verfügungsgeschäft begründet — es entsteht ipso iure auf Grund eines objektiv gegebenen Tatbestandes —, noch seinem Inhalte nach geändert.[14] Es kann nicht durch Verfügungsgeschäft übertragen werden: mit Klagrecht und Besitz geht es über,[15] nicht auf Grund eines Verfügungsgeschäftes über das KZR., sondern eines solchen über die Forderung, mit gleichzeitiger Übertragung des Besitzes an der Zurückbehaltungsware. Es kann nicht durch Verfügungsgeschäft aufgehoben werden: der Gläubiger kann sich nur dem Eigentümer obligatorisch verpflichten, von seinem Rechte keinen Gebrauch zu machen.[16] Der kaufmännische Zurückbehaltungsberechtigte hat als solcher weder einen Rechtsvorgänger noch -nachfolger. Der Erwerb des KZR. ist immer ein ursprünglicher.

Das KZR. ist kein Gegenstand, also auch kein dingliches[17] oder persönliches[18] Vermögensrecht. Daß es aber auch nicht

---

[10] Anders der Besitz.

[11] Sohm, Gegenstand 83 ff.

[12] So das BZR.

[13] BGB. 90. Hierzu und zum Folgenden: Sohm, Gegenstand 30 f., 35 ff., 43 ff., 85 ff.

[14] O. § 3 bei N. 57. [15] O. § 2 bei N. 29.

[16] Das KZR. ist zwingenden Rechts; a. A. Sievers 56.

[17] A. A. Staub, Wolff 260 ff.

[18] A. A. Cosack 131, Düringer und Hachenburg 557, Dernburg III 767, Lehmann 91, Adler bei Holdheim 6 S. 10, D. 212, RG. 8 S. 83, 14 S. 154.

einmal persönlich gewandt ist,[19] zeigt sich darin, daß der Gläubiger, ohne eines Erlaßvertrages zu bedürfen, durch einfache Besitzaufgabe sein Recht beendigen kann.[20] Das KZR. ist also zwar kein dingliches Recht,[21] aber wesentlich dinglich gerichtet Es bedeutet Sachhaftung:[22] ein (im Grundsatz) zeitlich unbegrenztes Recht hinsichtlich einer Sache. Es gewährt eine dingliche Klage und hat Absonderungswirkung im Konkurse. Seine schwächere Wirkung ist überall nur darin begründet, daß es von einem Zustande — dem Besitze — abhängig ist.

Das KZR. fließt aus dem vereinten Auftreten des Besitzes an schuldnerischer Ware mit einem Forderungsrechte des Gläubigers. Besitz bedeutet tatsächliche Herrschaft: nur als gegenwärtiger Zustand ist er geschützt. KZR. aber ist — dem Begriffe nach — zeitlich unbeschränkt. Für den Inhalt des KZR. ist also nicht der Besitz, sondern das Forderungsrecht das Ausschlaggebende: das KZR. ist ein Begleitrecht des persönlichen Forderungsrechts des Kaufmanns. Aber ein Begleitrecht besonderer Art: ein anspruchgeschütztes Begleitrecht. Und noch mehr: Hauptrecht und Begleitrecht bedeuten dasselbe: Haftung. Neben die Personalobligation tritt eine Realobligation: aber eine Realobligation, die lediglich in der Personalobligation ihren Rechtsgrund findet.

Und so ergibt sich: Im kaufmännischen Verkehre erwächst dem Gläubiger aus seinem Forderungsrechte nicht nur eine Haftung der Person, sondern auch eine Haftung des in seinem Besitze befindlichen schuldnerischen Vermögens.

Die Erklärung dieser Erscheinung suchen wir im deutschen Rechte.

---

[19] Hinsichtlich des BZR. vgl. Hellwig im Recht 1903 S. 171 Anm. 7 (gegen Motive Bd. 2 S. 409).

[20] BGB. 397 (1255). O. § 3 vor N. 57.

[21] Vgl. Sohm bei Grünhut 5 S. 35, Örtmann in den Jahrb. für Dogmatik 31 S. 415 ff., Staub im Archiv f. BR. 5 S. 112 ff.

[22] Vgl. die lehrreichen Darlegungen bei von Schwind, Pfandrecht 200 f.

§ 8.

Die Wurzeln des kaufmännischen Zurückbehaltungsrechts im deutschen Rechte.

Einleitung.

Das System des deutschen Obligationenrechts fußt auf der Scheidung von Schuld und Haftung.[1]

Die Schuld bedeutet das Band zwischen zwei Personen im Sinne eines rechtlichen Sollens.[2] Der Schuldner soll leisten, der Gläubiger soll bekommen. Aber die Schuld erzeugt für den Gläubiger kein rechtliches Machtmittel, den Schuldner zur Leistung zu zwingen. Der Schuld entspringt keine Klage.

Zur Schuld muß noch etwas hinzukommen: die Haftung. Der Gläubiger erhält ein Befriedigungsobjekt, aus dem er sich im Falle der Nichterfüllung jenes rechtlichen Sollens durch Zwang befriedigen kann. Dies geschieht in ältester Zeit gemäß dem Prinzipe des Wertsaustausches[3] durch Übergabe des Haftobjekts in die Hand des Berechtigten. Das Haftobjekt wird dem Gläubiger verpfändet. Der die Haftung erzeugende Vertrag[4] ist ein Pfandvertrag.

Haftobjekt kann sein Person oder Sache. Da die älteste Form des Pfandes als Besitzpfand erscheint, finden wir zuerst als Personenhaftung die Geiselschaft,[5] als Sachhaftung[6] das Faustpfand.

Fahrnispfand bleibt Faustpfand; Geiselschaft mußte auf dem Umwege über Bürgschaft zur Selbstbürgschaft werden. Hier tritt der Haftende nicht unmittelbar in die Gewaltherrschaft des Haftungsempfängers ein; wohl aber gelobt er mit Hand und Mund, sich freiwillig dem Gläubiger zu überantworten: nicht die

---

[1] Zum Folgenden insbes. von Amira I 22 ff., II 45 ff. Puntschart 117 ff.

[2] von Amira I 36. Puntschart 211 ff.

[3] Heusler II 230, Schröder 63.

[4] Puntschart 375 ff.

[5] Puntschart 489 f.

[6] von Amira I 206, II 226; Puntschart 232 ff.

Person selbst kommt in die Hand des Gläubigers, sondern ihre Treue.

Trotzdem ist des Gläubigers Recht Macht. Zwar nicht äußere, sichtbare, sondern nur latente, die erst dann in die Erscheinung tritt, wenn die Schuld nicht erfüllt wird. Acht oder Schuldverknechtung treffen den säumigen Schuldner: denn er hat seine Treue zum Pfande gegeben, daß er im Falle der Nichterfüllung der Schuld seine eigene Person als Haftobjekt in die Macht des Gläubigers überantworten wird. Immer noch also ist der Haftvertrag gerichtet auf Verstrickung, Verpfändung der Person.

Dieser Haftungsbegriff — Verstrickung der Person — bedingt einen wesentlichen Unterschied des deutschen Rechts vom römischen.

Im römischen Rechte übernimmt der Schuldvertrag frühzeitig die Funktion des Haftvertrags: wenn eine causa civilis vorliegt. Die Klage stützt sich auf die früh scharf begrifflich geschiedenen Schuldverträge. Die causa beherrscht den Prozeß. Was mit der causa nicht im Zusammenhange steht, scheidet aus dem Prozesse aus:[7] es bildet sich der Begriff der Konnexität.

Das deutsche Recht steht diesem Begriffe ganz fern.

Im deutschen Recht wird, wenn ein Treugelöbnis erfolgt ist, die Klage gestützt nicht auf den Schuldvertrag,[8] sondern auf das Haftungsversprechen. Das ist überall das gleiche und bezweckt überall das gleiche: Verpfändung der ganzen Person. Haften zwei Personen einander, so sind sie sich gegenseitig mit Leib und Leben verfallen. Diese beiden Verstrickungen stehen ohne weiteres in rechtlichem Zusammenhange, auch wenn dies bei den beiden Schuldverträgen, auf Grund deren die Haftungsversprechen erfolgten, nicht der Fall war.[9]

---

[7] Eine Kompensation bei a^ones^ stricti iuris war daher unmöglich; Sohm, Institutionen[9] 421.

[8] Die Einführung der causa in den Prozeß (vgl. Lex Sal. L) geschieht zur Feststellung des Schuldvertrags als entferntere Voraussetzung des Haftvertrags. Syst. Sch. R. III 2 133. Heusler II 249.

[9] Bei mehreren Forderungen sieht man also nicht die einzelne, sondern das ganze Rechtsverhältnis, den Saldo; daher der deutsche Skontrationsstandpunkt; vgl. Go. I 2 S. 1001. Über römischen Skontrationsverkehr als wahre Abrechnung vgl. Go. I 1 S. 81 (ders. in Z. für RG. 23 S. 293).

Daraus folgt, daß ein Zurückbehaltungsrecht wegen eines Treugelöbnisses nach deutschem Rechte des Erfordernisses der Konnexität ermangeln müßte. Es würde aber auch zur Befriedigung aus den Retentionsobjekten führen müssen.

Im römischen Recht bezweckt die Retention, die Schulderfüllung zu erzwingen. Das deutsche Recht kennt keinen Zwang zur Schulderfüllung. Die Haftung soll realisiert werden. Die Haftung aber soll das Erfüllen nicht durchsetzen, sondern ersetzen.[10] Diese Realisierung erfolgt begriffsmäßig nur durch Exekution. Gibt das deutsche Recht ein Retentionsrecht, so kann sein Ziel nur die Exekution in die retinierten Gegenstände sein.

A. Die Vermögenshaftung und der Begriff der Gewere.

I. Nach dem Rechte des späteren Mittelalters bedeutet die Haftung der Person die Verpfändung ihrer selbst und ihrer ganzen wirtschaftlichen Kraft.[1]

Zuerst und vor allem haftet die Person. Die Verwirklichung der Haftung erfolgt daher prinzipiell durch Übereignung der Person.[2] Im älteren Rechte erscheint es als Selbstbeschränkung des Gläubigers, wenn dieser statt der Person Erbe oder Fahrhabe des Schuldners angreift.[3] Es bedeutet somit einen großen Fortschritt, wenn der Gläubiger gehalten ist, vor dem Angriffe der Person aus deren Vermögen sich zu befriedigen. Die Person des Haftenden soll erst dann angegriffen werden, wenn er in Verzug gebracht und damit bußfällig wurde,[4] und der Zugriff auf sein Vermögen offenbar zu keiner Befriedigung führen wird.[5]

Angriffsgegenstand, d. h. Gegenstand der Klage ist auch hier die Person. Gleichwie der Schuldner mit dem Treugelöbnisse sich nicht nur mit seinen vermögensrechtlichen, sondern auch in

---

[10] von Amira I § 7, II § 8. Puntschart 114.

[1] Vgl. zum Folgenden Puntschart insbes. S. 197 ff.

[2] Planck II 258.

[3] Planck II 245.

[4] Vgl. von Amira II 146 ff.

[5] Z. B. Ssp. III 39 § 1.

letzter Hinsicht mit seinen personenrechtlichen und sozialen Beziehungen dem Gläubiger in die Hand gegeben hat, so ist es auch jetzt noch im Prinzipe nicht das Vermögen der Person, sondern sie selbst im ganzen Umkreise ihrer Beziehungen, die angegriffen wird.

Und doch! Der Gedanke der Befriedigung ist schon der herrschende geworden. Selbst dann liegt ein strafbarer Treubruch nicht mehr vor, wenn die Person sich durch Vorflucht der Verfolgung entzieht, — wenn nur genügend pfändbares Vermögen vorhanden ist.[6] Das gläubigerische Interesse bezielt also nicht mehr die Vernichtung der Persönlichkeit — die ist zu weit hinausgerückt —: unmittelbar zielt es nur auf das Vermögen.

Und das Rechtsleben ist noch nicht zu einer derartig scharfen Unterscheidungskunst vorgedrungen, um Haft- und Exekutionsgegenstand streng trennen zu können. Der Gedanke, daß die wirtschaftliche Person hafte, ist dem mittelalterlichen Rechte gleichbedeutend mit dem, daß mit dem Eintritte des Exekutionsstadiums das Vermögen hafte. Weil aber nicht nur das Vermögen haftet, sondern zunächst und vor allem die Person, so ist auch nicht allein das mit dem Eintritte der Exekutionsmöglichkeit vorhandene Vermögen, sondern das jeweilig beim Zugriff vorhandene Vermögen verhaftet.

Nur so ist die Erscheinung zu erklären, daß die mittelalterlichen Quellen von der persönlichen Klage als von einer Klage auf das Gut reden.[7]

Magdeburger Schöffenspruch (Wasserschleben I 427 Kap. 83 Nota): E. . . . had geschuldiget czu hans spengeler gutern . . . dorumb muszen seyne guter clage lyden . . .

Magdeburger Schöffenspruch (Wasserschleben I 7 Kap. 18): . . . Czuleke hefft angeclaget Hans Sabbine unde syn gudt . . .

Syst. Sch. R. II 2. 31: . . . dy besetzunge des richters ist eyn begin der clage uf des gut . . .

Züricher Urkunde von 1288 (bei Wyss 18f.): — qui . . . super res ipsius querimoniam . . . intulerint . . .

---

[6] Richtsteig Landrechts c. 47 § 1. Anders noch Prag 68 (Rößler I 48).
[7] Vgl. Wyss 21f.

Dorfrecht von Northeim (1495) § 8 (Grimm W. VI 316): ... so mag er uf in clagen ... uf alles das er hat ...[8]

Klaggegenstand und Haftgegenstand — das hat Puntschart unwiderleglich dargetan[9] — sind aber notwendig immer identisch.

Das bedeutet: Durch das Treugelöbnis wird nicht nur die Person, sondern auch deren Vermögen verstrickt. Weil die Person haftet, haftet auch ihr Vermögen. Die Haftung des schuldnerischen Vermögens empfinden die Quellen sogar so stark, daß ein Magdeburger Schöffenspruch feststellt[10]: ... was eyn man schuldig ist, das en ist nicht sin ... Und zahlreiche Stellen nennen neben der Person auch deren Vermögen verhaftet, ohne daß ein besonderer Verpfändungsvertrag über das Vermögen abgeschlossen worden wäre. So sagt eine Urkunde von 1349[11]: ... Hennekinus et omnia bona sua tenebunt Ludekinum indempnem ...

Erscheint somit das Vermögen als durch das Treugelöbnis verhaftet, so steht dem Gläubiger dennoch keine Generalhypothek zu.

Das deutsche Recht hat keine Generalhypothek entwickelt.[12] Spätmittelalterliche Quellen kennen zwar eine Verabredung, daß das ganze Vermögen des Schuldners dem Gläubigers haften soll,[13] aber erst unter der Einwirkung des römischen Rechts haben der-

---

[8] Vgl. auch Rb. nach Dist. III. 9 d. 9. Hallische Schöffenbücher III 1498, IV 203: zit. bei Puntschart 206f; vgl. 122, 123.

[9] Insbes. 207.

[10] Bei Friese und Liesegang III B 83 S. 522; vgl. Braunschweig (1349) 27 (Hänselmann I 45): We van henne veret van scult weghene unde usen borgheren ere gud mit voresate unford . . Züricher Stadbucheintrag von 1313: . . . das er den luten da mitte ir gelt und ir gůt enpflôhen welle . . . von 1348, 1417 (Zeller-Werdmüller I 220 S. 81, I 353 S. 170, II 224 S. 371).

[11] Mecklenburgisches Urkundenbuch Nr. 6913; vgl. ebda. 6662 (1346) 6732 (1347), 8403 (1357): zit. bei Puntschart 122. Rb. nach Dist. III 9 d. 9; d. 13.

[12] Schröder 713f.; a. A. von Meibom 413f., auch Albrecht Gewere 156. Vgl. auch Wach 15ff. zu Ed. Liutpr. reg. 67. S. Lübeck (1294) 146 (Hach, II, 320).

[13] Beispiele bei Puntschart 199[1], Schröder 714[31].

artige Abkommen einen Inhalt, nämlich Wirkung gegen Dritte, erlangt.[14]

Beruhten diese Verpfändungsverträge nun wirklich nur auf juristischer Phrase?[15] Zwar einige haben offenbar den Zweck, dem Gläubiger das Recht der Privatpfändung einzuräumen, in anderen ist auch dies nicht die Vertragsabsicht.[16] In allen solchen Fällen ist diese scheinbare Einräumung einer Vermögenshypothek lediglich der Ausdruck des das ganze Rechtsleben beherrschenden Gefühls, daß durch das Treugelöbnis mit der Haftung der Person zugleich eine Haftung des Vermögens erzeugt wird.[17]

Die Wirkungen dieser Vermögenshaftung sind zunächst nur geringe. Auch während des Befriedigungsstadiums kann der Haftende über sein Vermögen verfügen.[18] Immerhin aber wird schon früh diese Verfügungsfreiheit mit Rücksicht auf die Gläubiger beschränkt: der Haftende darf den wirtschaftlichen Wert seines Vermögens nicht verringern.

Augsburg (1276) 149 Zus. 1 (Meyer 226): Ist daz iemen in gelt gevallet einem oder me luten, git der iemen sin gut ze kaufen naeher danne ez wert si, daz haizzet ein fluhtsal.[19]

Es ist gleichgültig, ob der Schuldner betrüglich hat handeln wollen,[20] eines Eintritts des Vermögensverfalls bedarf es gar nicht: lediglich die Tatsache, daß eine Vermögensminderung eingetreten ist, begründet ein dingliches Rückforderungsrecht des Gläubigers.[21]

---

[14] So verlangt das altertümliche Magdeburger Recht noch in der 1. Hälfte des 15. Jahrh. im Gegensatz zu Goslar Spezialisierung des verschriebenen Pfandes; vgl. Lörsch und Schröder[2] N. 332 und 321.

[15] So Schröder 713. Bestimmte Abmachung z. B. im Stralsunder Stadtbucheintrag von 1290 bei Fabricius IV 121 S. 81.

[16] Cod. dipl. Anhaltinus V no. 262 (1397): . . Were abir daz wir die beczalunge . . . nicht en teten . . , so môgen sie uns unse gûtere ervolgen, bekummeren und uffhalden . . mit geistlichem adir gewertlichem gerichte . .

[17] Vgl. Syst. Sch.R. IV 1, 41: Von wedirkoufe czinses, des sich eyn man nicht vorlobit by alle syme gute . . Gegensatz zur reinen Sachhaftung!

[18] Syst. Sch.R. IV 2, 74. Bern (1311) 73 a. E. (Welti, II, 66).

[19] Vgl. Swsp. Lassb. 314. Keyserrecht II 110 (Endemann 149).

[20] Vgl. aber Sächs. Lehnrecht 58 § 2 (Homeyer II 1 S. 244).

[21] Bei Siechtum und Vorflucht gilt das auch für Verfügungen im

Wir müssen demnach sagen: Es liegt zwar eine Haftung des Vermögens vor, aber eine Haftung geringeren Grades. Das deutsche Recht kennt Grade der Haftung: Alle Bande binden nicht gleich fest.[22]

II. Hinsichtlich der Haftung einer Sache ist das deutsche Recht im Gegensatze zur Haftung einer Person bei der Notwendigkeit der Einbringung des haftenden Gegenstandes[1] in die Gewere des Haftungsempfängers stehen geblieben. Die Verpfändung einer Sache wirkt gegenüber Dritten nur dann, wenn die Sache in die Gewere des Haftungsempfängers gelangt ist;[2] nur dann hat er im Konkurs einen Vorzug.[3] Erst in verhältnismäßig späten Quellen ersetzt die Publizität des Verpfändungsaktes die mangelnde Gewere.[4]

Das Einbringen in die Gewere bedeutet nicht nur die Verschaffung der Herrschaft über die Sache. Gewere ist nicht nur tatsächliche Herrschaft. Sie enthält in sich zugleich die Behauptung eines dinglichen Rechts. Wer die Gewere an einer Sache hat, hat allein die Sache zu verantworten,[5] er weicht allein dem Richterspruch[6]: er gilt nach außen als der allein Berechtigte.[7]

Sicherungsstadium. Hamburg (1270) I 13 (Lappenberg 8). Lübeck (1294) 23, 173, 174 (Hach, II, 300, 335). Hildesheim 2 (Pufendorf IV app. p. 287). Goslar (Göschen 9 Z. 24ff., 67 Z. 14ff.). Bern 72, 73, 75 (Welti, II, 65, 67).

[22] Graf und Dietherr 243, 113. Puntschart 135.

[1] Wasserschleben I 281 c. 144. Über Zinsgewere an Sachgesamtheiten vgl. Meyer, Neuere Satzung, insbes. 63.

[2] Meibom 317f. Langenbecksche Glosse zu Hamburg (1497) H 8 (Lappenberg 250): — pande scholen de were rumen des schuldeners . . Bayrisches Landrecht 223 (v. Freyberg IV 1).

[3] Lüneburg (Pufendorf III, app. p. 377 N. 42). Züricher Auffallsordnung A (1493; bei Wyss 38).

[4] Huber IV 818. Meyer, Neuere Satzung 119.

[5] Goslar (Göschen 81 Z. 10ff.) Dortmund 23 (Frensdorff, V, 175).

[6] Ssp. II, 70. Hildesheim 32 (Pufendorf IV, app. p. 290).

[7] Sie ist das allgemeine sachenrechtliche Legitimationsmittel. Huber, Gewere 8. Gierke, Fahrnisbesitz 9. H. Meyer, Entwerung und Eigentum 1ff. — Weil durch Einbringung der Sache in die Gewere erst eine volle Haftung eintritt, haftet nach Abschluß des Seefrachtvertrages der Kaufmann nur dann, auch wenn der Vertrag nicht erfüllt wird, für den vollen Lohn, wenn er die Waren in das Schiff brachte — sonst nur für den halben. Ebenso

Nur in der Verbindung mit der Gewere wird das behauptete materielle Recht für das Rechtsleben erkennbar und mit einer Klage ausgestattet.

Das deutsche Recht steht noch ganz auf dem Boden des formellen Beweissystems. Zum vollen Beweise erfordert es Sichtbarkeit, Handhaftigkeit. Es ist erforderlich, daß die Sachhaftung sichtbar werde. Das wird sie aber nur durch Einbringung der Sache in die Gewere. Die Quellen empfinden diese daher als hinsichtlich der Haftung so wesentlich, daß sie arrestare, d. h. Verschaffung der Gewere, gelegentlich geradezu durch obligare, also den technischen Ausdruck für haften, ersetzen.[8]

Wir können demnach sagen: Durch die Person des Haftenden haftet auch sein Vermögen. Zu einer vollen, dinglich wirkenden Verhaftung einer Sache bedarf es aber deren Einbringung in die Gewere des Gläubigers. Die Vermögenshaftung kann daher nur dingliche Wirksamkeit erlangen, wenn das einzelne Vermögensstück in die Gewere des Gläubigers kommt.

Folglich: hat der Haftungsempfänger eine dem Verpflichteten zu eigen gehörende Sache in seiner Gewere, so erzeugt die mit der Fälligkeit der Forderung eintretende Vermögenshaftung eine durch die Verbindung mit der Gewere zu stärkerer Wirkung gelangende Verstrickung dieses Vermögensstückes.

Eine Bestätigung unserer Ansicht und zugleich Aufschluß über Wesen und Umfang dieser Haftung gibt uns die Betrachtung des Rechtsinstituts der eigenmächtigen Pfandnahme.

III. Das Recht zur Pfandnahme finden wir im gesamten Umkreise des germanischen Rechts verbürgt.[1]

---

der Mieter. Vgl. Hadersleben 32 (Pardessus III 233); Skraa von Apenrade 39; Lübeck (1240) 34, (1294) 118 (Hach, I, 195; II, 306; vgl. III, 145, S. 423; IV, 68, S. 578).

[8] Vgl. den Dortmunder Schiedsspruch von 1240 (Frensdorff, Beil. I 189 f.): . . arbitrati sunt, . . quod comes non statim debet obligare bona defuncti, sed absque aliqua obligatione debent manere in eadem domo, in qua moritur homo, . .

[1] von Meibom 190 ff. Schröder 371 ff. Brunner, RG. II 446 ff. von Schwind 8.

Auf deutschen Boden hat die Privatpfändung wohl am längsten bei den Sachsen ihre ursprüngliche Eigenart bewahrt. Dagegen wurde sie bei Baiern und Salfranken, wohl auch bei Friesen und Alamannen, frühzeitig volksrechtlich Einschränkungen unterworfen.[2]

Aber noch spät beweisen neben mannigfachen Abzweigungen[3] ihre zahllosen Verbote[4] ihre beherrschende Geltung. Überall da, wo eine feste Zentralgewalt zuerst sich geltend macht, verschwindet die außergerichtliche Pfandnahme am frühesten. Das beweist, daß ihr Grundsatz zwar tief im Rechtsbewußtsein der Nation lebte, daß sie aber einer höheren Auffassung vom Wesen der öffentlichen Ordnung weichen mußte.[5] So sagt auch l. Bai. 13, 3: . . . talis enim praesumptio non debet fieri, quia hoc scandalum generat. In den Sonderbildungen an den Grenzen des Reiches, wohin die Zentralgewalt nicht reichte, hat sich die eigenmächtige Pfändung aber bis tief in die Neuzeit ununterbrochen erhalten.[6] Auch in Deutschland wirkte die Idee der Pfandnahme mächtig fort: in zahllosen Urkunden wird sie ausdrücklich dem Gläubiger eingeräumt.[7]

Das zeigt auch die Ausbildung des Arrestprozesses. Während Reichs- und Landrecht in schwächlicher Übertreibung die Pfandnahme allgemein verbieten, wird sie in den Rechtsgemeinschaften, die durch engen Zusammenschluß und kräftige Ausbildung kauf-

---

[2] Vgl. Karls cap. de part. Saxoniae c. 25. L. Bai. 13, 1ff. (jussio judicis). L. Sal. 50. 51. Vgl. auch L. Fris. add. 8, 2. Pact. Alam. 3, 7. 5, 4. L. Alam. 83, 1.

[3] Darüber z. B. Örtel 20f.

[4] Ssp. I 54 § 4 (indirekt!) Swsp. Gengler 65. Keyserrecht II 20. Syst. Sch.R. II 2. 39. Kulm II 55. Magd. Fragen II 2. d. 19. Salfeld 76 (Walch I 33). Ältestes Rigisches Recht 33. Eisenacher Rechtsbrief LG. Albrechts v. 1283 (Gengler 104). Berner Handveste 29 (Welti, I, 13) usw.

[5] Vgl. auch Wach 33ff.

[6] Bes. in den demokratischen Kantonen Schwyz, Unterwalden, Appenzell, vgl. Huber IV 824. Blumer. RG. II 2 S. 112. Löning 233. Vgl. auch den daselbst Zit.-Wendisch-Rügianischen Landesgebrauch tit. 75 § 1.

[7] Z. B. Stölzel I Nr. 236, 237, 241, 247, 267. Alberti R. constit. pac. a. 1301 (LL. II 476). Für Italien: Wach 15ff., 54ff.; für die Schweiz: Huber IV 825f.

männischer Interessen eine gewaltige Stärkung der öffentlichen Gewalt erreichen, vorab in den durch die Gefahren des Seelebens am schnellsten zu ernstem Zusammenfassen aller Kräfte ringenden Seestädten zu einem neuen prozessualen Institute umgeformt. Hier getraute sich die öffentliche Gewalt schon zu, eine derartige Eigenmacht, die als ein Mittel parater Exekution ein tiefes Bedürfnis gesteigerten Kreditverkehrs zu befriedigen angetan war, in den für sie geeigneten Grenzen zu erhalten.

1. Die Idee der eigenmächtigen Pfändung ist in ältester Zeit gleich der des Zugriffs auf die Person Rache.[8] Dann aber wird auch sie von der Tendenz der Befriedigung erfüllt. Sie bedeutet jetzt die Bestellung eines Haftobjekts für eine Forderung, indem ein Vermögensstück des Schuldners in den Besitz des Gläubigers gebracht wird. Der Schuldner hat ein erst in jüngerer Zeit befristetes Lösungsrecht.[9]

Von den westgermanischen Stämmen[10] haben die Langobarden die eigenmächtige Pfändung zu ihrer typischsten Entwicklung gebracht.[11] Im Falle einer obligatio per wadiam et fidejussores konnte der Gläubiger bis tief ins 12. Jahrhundert ohne Hinzuziehung eines richterlichen Beamten, zunächst nach dreimaliger Mahnung, die sich später erübrigt, zu seiner Befriedigung aus dem Vermögen des Haftenden eine Sache zum Pfand nehmen.

Ebenso ergreift der Arrestprozeß von Haus aus nur die einzelne Sache und bezweckt deren Entziehung aus der Gewere des Schuldners und Einbringung in die des Gläubigers.

Iglau (14. Jahrh.) art. von geltern und von phanten (Tomaschek 367) d. 8: Weme auch der richter eines phantes hilfet, der sol es aws yenes gewalt heym nemen in seine wonunge ... es sey denne ein semeleich pfant, dasselbe sol man besliessen und dem gelter den slussel antworten. . .[12]

---

[8] Wach 19ff.

[9] Brunner II 450ff. Örtel 13.

[10] Hins. des nordgermanischen Recht: von Amira I 234ff., II 256ff.

[11] Vgl. Wach 24ff. Sohm, Prozeß 53. Löning 88ff.

[12] Lübeck (1240) 49 (Hach, I, 200); (1294) 148, 149 (Hach, II, 321, 322). Billwärder Recht 35 (Lappenberg 332). Bremen (1303) ord. 21 (Ölrichs 76f.):

Ist das Arrestpfand also seiner Beschaffenheit nach nicht geeignet, in die Gewere gebracht zu werden, so bedarf der Pfändungsakt einer die mangelnde Gewere ersetzenden Publizität.[13]

2. Die außergerichtliche Pfandnahme ist, wie auch die Pfändung des deutschen Rechtes, lediglich Sache des Gläubigers.[14] Wenn sie daher wie der Arrest meist entweder richterliche Erlaubnis erfordert oder selbst einen Vollzug durch richterliche oder städtische Beamte aufweist, so bedeutet das nicht eine Minderung der gläubigerischen Rechte, sondern ein zur Erhaltung der öffentlichen Ordnung erforderliche Einschränkung der Eigenmacht.[15] Die Erlaubnis des Richters, deren der Gläubiger bedarf, „bedeutet nicht die Quelle seiner Berechtigung zum Zwang, sondern nur die äußere Bestätigung, daß sein Vorgehen dem Rechte gemäß sei."[16]

3. Die außergerichtliche Pfandnahme kann immer nur erfolgen, wenn eine persönliche Haftung erzeugt worden war.[17] Im mittelalterlichen Rechte war daher wesentliche Arrestvoraussetzung das Treugelöbnis.

. . panden uth ten weren . . Nordhausen 15 (Förstemann, Neue Mitteilungen III 1, 38). Baden (1384) 123 (Argovia 1860). Vgl. Oertel 49f. . . „semeleich" nach Lexer s. h. v. = Gesamt . . .

[13] Vgl. auch Brünner Schöffenbuch 182, 571 (Rößler II). Magd. Fragen I 2 d. 6. Für Immobilien vgl. Magdeburger Schöffenspruch Dist. 15 (Wasserschleben I 122). Dortmund 9 (Frensdorff, IV, 111): uthdryft: zum Zeichen der Besetzung wurden Gegenstände aus der Were getragen. Syst. Sch.R. III 2, 132, 137. Bei Übernahme in obrigkeitliche Verwahrung Verfügungsrecht des Gläubigers: Frankfurter Schöffengerichtsordnung 16 (Thomas 274).

[14] Z. B. Lübeck (1240) 128 (Hach, I, 228): Si quispiam facultates alicuius . . . occupare contenderit . . . (1294) 149 (Hach, II, 322): Welk minsche de ene besate deit . . Frankfurt (1297) 24 (Thomas 219f.); Schöffengerichtsordnung 1 (Thomas 263): . . die also kommeren . . München 17 (Auer 9): . . der daz gelt verpoten hat . . Vgl. o. § 8 I Anm. 15.

[15] Vgl. auch von Meibom 28.

[16] Planck II 236.

[17] Langobardisches Recht: obligatio per wadiam et fidejussores vgl. Wach 12. Ed. Rothari 360, 362. Ed. Rachis 8. Fränkisches Recht: Wettvertrag vgl. Sohm, Prozeß 30ff., 163ff. Löning 4ff., 26ff.

Syst. Sch.R. III 2. 121: hat einer besetzt . . . und ym nicht gelobit was, daz ist . . . machtelos.[18]

Die gelobte Schuld aber mußte auch bereits sich im Befriedigungsstadium befinden.[19] Daß der Arrestprozeß später von einem Erfordernis der Fälligkeit absieht, erklärt sich aus seiner Entwicklung zum Sicherungsarrest.

Bedeutet der Arrest gleich wie die eigenmächtige Pfändung ursprünglich nur Einbringung eines Haftobjekts in die Gewere, so haben die älteren Rechte den Generalarrest über das Vermögen des Schuldners überhaupt nicht gekannt.[20] Spätere Rechte erwähnen ihn, aber nur für den Fall der Vorflucht oder des Todes des Schuldners.[21] Gerade diese Fälle aber sind schon in älteren Rechten, die noch keinen Arrestgrund kennen, durch besondere Bestimmungen hervorgehoben. Schon das älteste lübische Recht verfügt, daß erbloses Gut Jahr und Tag unangegriffen und unter Bürgschaft der Erhaltung seiner Substanz für die Nachlaßgläubiger liegen bleiben, und daß Gut jedwedes Abwesenden nicht arrestiert werden dürfe.[22]

Es ist kein Schuldner da, der sein Gut verantworten könnte: so ist der Zugriff auf die zunächst verhaftete Person genommen: hier zuerst bildet sich eine Interessengemeinschaft der Gläubiger aus. Der zuerst zugreifende Gläubiger, der allerdings meist noch zuerst Befriedigung erlangt,[23] belegt zugleich im Interesse

---

[18] Lübeck (1240) 128 (Hach, I, 228): . . . propter debiti obligacionem . . . Frankfurt (1297) 24 (Thomas 219 f.). Besonderes gilt für Delikt.

[19] Dazu war urspr. vielfach der Angriff auf die Person durch Klage oder Mahnung nötig; vgl. von Amira II 146 ff. Vgl. Ed. Roth. 245 (dreimalige Mahnung). Landfrieden K. Wenceslaus von 1398 (Weizsäcker, Reichstagsakten III 34), Dortmund (1250) 5. 35 (Frensdorff, I, 21, 36).

[20] Vgl. Wach 163. Stobbe, KP. 13. Irrig Örtel 36.

[21] Magd. Fragen I 8 d. 10. Kulm III 102. Syst. Sch.R. III 2, 68. 132. 137. Magd. Schöffenspruch (Wasserschleben I 209 S. 106). Dortmund (1340) 13 (Frensdorff, II, 51). Dem nachgebildet Fluhtsal: Baden (1384) 131 (Argovia 1860 S. 63: Richschloß). Northeim (1495) 8 (Grimm W. VI, 316).

[22] Lübeck (1240) 19, 20 (Hach, I, 190). Vgl. auch Keyserrecht II 71. Salfeld 157 (Walch I, 52). Kulm III, 103 b, 107. Glogau 139 (Wasserschleben I, 19). Wien 18 (Schuster 55) usw.

[23] Anders schon Lübeck (1294) 149, 183 (Hach, II, 322, 340 f.).

der gesamten Gläubigerschaft[24] ohne Rücksicht auf Fälligkeit der Forderung das ganze Vermögen des Verhafteten mit Beschlag. Damit aber mußte der Arrestprozeß überhaupt sein Wesen ändern und zum bloßen Sicherungsarrest werden. Während früher der Gläubiger nur im Befriedigungsstadium, d. h. nach Fälligkeit der mit persönlicher Haftung bekleideten Schuld, ein Vermögensstück des Haftenden in seine Gewere bringen konnte, wird jetzt, in freier Übertragung der für den Arrestprozeß im Falle des Todes oder der Vorflucht gewonnenen Grundsätze auf den Arrestprozeß schlechtweg, das Erfordernis der Fälligkeit fallen gelassen:[25] um so leichter, als als Gegengewicht ein Nachweis der Anspruchsgefährdung erforderlich zu werden begann.[26]

4. Mit dieser Wendung mußte der Arrestschlag zu einer obrigkeitlichen Maßregel werden. Dem Begriffe nach aber ist daran festzuhalten, daß der Arrest sich wie die eigenmächtige Pfändung als eine Handlung des Gläubigers charakterisiert. Die Notwendigkeit der richterlichen Erlaubnis oder Assistenz ergibt sich nur aus dem Gebot der Friedenswahrung. Handelt es sich also um keine obrigkeitliche Maßregel, so bedeutet auch die durch Einbringung der Sache in die Gewere erreichte Rechtslage kein durch die Obrigkeit verschafftes Recht.

---

[24] Vgl. Rev. lübisches Recht (1586) V 12 § 3: ... so müssen gemeldte Güter allen Creditorn zum besten Jahr und Tag liegen bleiben ... Dahin gehört auch das staatliche „ingewinnen" der Schweiz; vgl. Züricher Ratsverordnung 1416 (Zeller-Werdmüller, II, 140 S. 319; Wyss, KP. 25).

[25] Syst. Sch.R. III 2, 129. Magd. Fragen II 2 d. 10: ... e sine tage...

[26] Das älteste lübische Stadtrecht bringt noch keine Andeutung eines Arrestgrundes: (1240) 49, 128 (Hach, I, 200, 228). Das 2. Stadtrecht erwähnt zwar Tod und Vorflucht — als die in der Erscheinung offenbar praktischsten Fälle —, ohne aber den Arrest auf sie zu beschränken: (1294) 149 (Hach, II. Brokesscher Cod., 322). Noch spät erbringt der Gläubiger den Nachweis des Arrestgrundes allein mit seinem Eide, vgl. Augsburg 149 § 4 (Meyer 225). Regensburg (v. Freyberg V 1 S. 43). Züricher Urkunde von 1343 (Wyss KP. S. 20). Baden (1384) 131 (Argovia 1860). Wach 73, 150 ff. Aber bestraft wird, wer einen unbegründet der Fluhtsal zeiht, in Augsburg 150 (Meyer 228). Noch Braunschweig 1532 (Pufendorf IV app. p. 89, vgl. das Stadtrecht III 34 bei Gengler 41) erfordert eidlichen Arrestgrundsnachweis nur zur eigenmächtigen Arrestierung.

Nun hat der Gläubiger unzweifelhaft an dem Arrestpfand in seiner Gewere ein dingliches Recht.[27] Es ist ihm verhaftet, heißt Pfand,[28] und der Schuldner löst es aus seiner Verhaftung,[29] wenn er es verantwortet. Der Gläubiger behält daran seine Schuld:[30] bis zum Belaufe der Schuld ist die Sache verhaftet. Der Grundsatz der Priorität der ersten besate hat in der Dinglichkeit des durch die besate erworbenen Rechtes seinen Rechtsgrund.[31]

Bedeutet eigenmächtige Pfändung also nichts als Einbringung der Sache in die Gewere, die dann als Pfand erscheint; ist weiter erforderlich, daß persönliche Haftung und Fälligkeit der Forderung, also Haftung des schuldnerischen Vermögens vorliegt, so kann die eigenmächtige Pfändung nichts anderes sein als der Ausdruck der Idee: Weil durch die Person das Vermögen als Ganzes haftet, kann der Gläubiger durch Einbringung des einzelnen Vermögensstücks in die Gewere die Intensität der Haftung steigern.

Sie ist daher nur die Deklaration eines bereits vorher vorhandenen Rechtes des Gläubigers,[32] das, um überhaupt wirksam

---

[27] So Kohler, Pfandrechtl. Forschungen 29. Heusler II 129 f., 206 Örtel 61. Schröder 714[32]. A. A. von Meibom 135 f., 177 (vgl. 30).

[28] Vgl. schon L. Fris. add. 8, 2: per vim sustulit pignoris nomine, quod pant dicunt ... Wien 23 (Schuster 57): ... so sol in der richter des pfants ... gewaltig machen ...

[29] Keyserrecht I 32: Kumt er ... un wil sin gut virsten, so ist sin gut ledig ... Salfeld 42 (Walch, I 25). Hamburg (1497) C IX (Lappenberg 209): ... vnde dat gudt schal losz wesen van eme ... Baden (1384) 135 (Argovia 1860 S. 64): Wenn ovch einer also sine pfand wider lösen wil ... Bern (1311) 109 (Welti, II, 86): ... ob jener das pfand uon ime lidig machett ... Vgl. Wien 21, 23 (Schuster 56, 57), Goslar (Göschen 66 Z. 35 ff.).

[30] Langensalza (1556) 47 (Walch VII, 321).

[31] Der Bruch mit diesem Prinzipe erfolgt — zunächst bei Tod und Vorflucht — auffallend langsam und unter ungewohnt geschwätziger Begründung in den Quellen, vgl. z. B. Freiburg (1520) tit. Wenn die summa (fol. 30 b). Dem sächs. Arrest — ohne gerichtliche Immission — kam noch spät auch im Konkurse dingliche Wirkung zu. Kurs. Konstitution (1572) tit. 28 P 1. Meibom, Arrest 77 f.

[32] So kann der Hauswirt schon vor der Pfändung das Mobiliar seines Mieters bis zur Höhe seiner Mietzinsforderung als sein Pfand bezeichnen; Iglauer Schöffenspruch (Tomaschek Nr. 55 S. 68).

zu sein, vor allem aber um Dritten gegenüber[33] wirksam zu sein, der Gewere bedarf. Befand sich das Vermögen des Verpflichteten in einer Haftung, die seinem Eigentümer volle Verfügungsfreiheit gewährte und Dritten gegenüber ohne Wirkung war, so erschien der Anspruch des Gläubigers gerechtfertigt, durch Einbringung von Vermögensstücken in seine Gewere dem säumigen Haftenden die Verfügung zu entziehen und seiner Haftungsberechtigung Wirkung gegen Dritte zu sichern.

Dazu kommt noch ein Weiteres.

Der Gläubiger hat ein Haftungsrecht an der Sache. Und es widerspricht keineswegs dem Begriffe des deutschen dinglichen Rechts, daß er weder ein Recht zur Benutzung noch zur sofortigen Verwertung hat: hierzu bedarf er noch der Klage. Diese erschöpft ihren Zweck keineswegs in der Rechtfertigung der Arrestierung,[34] vielmehr handelt es sich, da die Schuld noch nicht auf die Sache gewonnen[35] ist, um einen wahren Klagangriff auf die verhaftete Sache,[36] wobei der Haftende noch seine Haftung bestreiten und die Sache lösen kann.[37]

Ein dingliches Recht nach deutschem Rechte fließt immer nur aus der tatsächlichen Herrschaft über eine Sache: nur in der Vereinigung mit ihr wird das behauptete materielle Recht für das Rechtsleben erkennbar und mit einer Klage ausgestattet. Hat also der Gläubiger das Recht, eigenmächtig sich einer schuldnerischen Sache zu bemächtigen, um auf dieser klageweise

---

[33] Vgl. Iglau Art. von geltern und von pfanten (Tomaschek 367) d. 8: ... Wenn, let er es dozu yenem, vnd kompt dornach ein ander gelter mit dem gerichte und vindt er es in yenes gewalt, er nympt es wol mit dem rechten.

[34] Vgl. Baden (1384) 123 (Argovia 1860): er mag ... die pfand harus nemen und die verrechtfertigen ... Keyserrecht I 31.

[35] Vgl. Langensalza (1556) 55 (Walch VII, 327): ... und der Kläger erwinnet auf ihnen seine Schuld ...

[36] Vgl. Magdeburger Schöffenspruch (Wasserschleben I 209 S. 106) ... die czu dem ersten das gut irclagit habin ... Syst. Sch.R. III 2, 68 (Kulm III 102): ... dor uf clagin vor di schult ... Hamburg (1497) C IX (Lappenberg 208): ... claghen up dat gudt ... Wien 21 (Schuster 56): ... clagen hintz dem guet ...

[37] Würzburger Stadtgerichts Reformation (1582) 18 (Schneidt II 6, 1016 f.).

seine Schuld zu gewinnen, so entspricht es der Volksüberzeugung, zur Gewinnung der Schuld auf die Sache durch Klage dem Gläubiger die zur Klage erforderliche tatsächliche Herrschaft einzuräumen.[38] Die Behauptung des Haftungsrechts, dieses dinglichen Rechts, ist also längst vorhanden: ihr folgt die Verleihung der tatsächlichen Herrschaft: jetzt erst kann der Gläubiger auf Grund dieses sichtbaren dinglichen Rechts durch Klage die Schuld auf die Sache gewinnen. Die Arrestierung bedeutet keine Konstitution eines dinglichen Rechts: die Behauptung des dinglichen Rechts geht ihr voraus.

IV. Gab das deutsche Recht dem Haftungsempfänger ein Recht, bei fälliger Forderung nach Einbringung von Vermögensstücken des Verpflichteten in seine Gewere auf diese klageweise seine Schuld zu gewinnen, so mußte dasselbe Recht dem zustehen, der die Gewere an Vermögensstücken des Verhafteten bereits besaß:

Der Haftungsempfänger, der ein Vermögensstück des ihm persönlich Verhafteten in seiner Gewere hat, kann nach Fälligkeit der Forderung sich durch Klage auf das Gut auf Grund von dessen Haftung befriedigen.[1]

Von einem solchen Befriedigungsrecht kann dann keine Rede sein, wenn der Schuldner auf Grund seines unfreiwilligen Gewereverlustes die im Besitze des Gläubigers befindliche Sache mittels Anefang zurückerhalten kann.[2] Die Fälle rechtmäßigen Besitzerwerbs aber sind für unsere Betrachtung einander gleichzustellen,

---

[38] Die Quellen nennen daher das Arrestverfahren als Ganzes — einschließlich der Besetzung — eine Klage auf das Gut; vgl. Syst. Sch.R. III 2, 74. Kulm III 103b: ... mag nymant uf syn gut unde erbe clagin. Syst. Sch.R. III 2. 77. Kulm III 107: Wirt eynym manne ... syn erbe unde gut abe geclait ... daz syn gut vorclagit ist ... Augsburg 149 Zus. 5 (Meyer 227): ... gut, daz mugen si wol anchlagen und verpieten ... Würzburg (1582) 38 (Schneidt II 6, 1034): ... uff sein verlassen Gütter ... Rechtlich zu clagen. Die Besetzung ist somit ein begin der clage. Syst. Sch.R. II 2, 31. Kulm II, 47.

[1] Ein Befriedigungsrecht im weitesten Maße ohne Beschränkung auf den Fall der persönlichen Haftung behauptet von Meibom 303, 305. Gegen ihn Schlegelberger 13 ff. Vgl. auch Go. I 1 S. 986 N. 19.

[2] So von Meibom 305. von Amira I 249, 252.

sei es, daß der Gläubiger die Sache auf Grund eines Gedinges zwecks Zurückgabe oder Weitergabe in Händen hat. Bei vorliegendem Gedinge klagt der Schuldner auf Zurückgabe auf Grund der Behauptung, daß das dingliche Recht des Gläubigers zu Ende gekommen sei.[3] Dem aber setzt der Gläubiger die Behauptung eines anderweit entstandenen dinglichen Rechts entgegen.

Anders natürlich, wenn der Gläubiger ausdrücklich die Rückgabe der schuldnerischen Sache gelobt hat, also im Falle der treuen Hand: die verpflichtende Kraft eines derartigen Gelöbnisses wird durch die schuldnerische Haftung nicht geschwächt. Trotzdem hält das Rechtsbuch nach Distinktionen noch die Bestimmung für nötig:

> VII. dist. 2: Getruwe hand, dy sal alleczit uffene sin, wen man sy vormant, daz sy gereyte sy, sich uffczutunde ane allerlyge wedderrede unde ane wandel.[4]

Auch der nicht haftungsberechtigte Gedingsbesitzer kann die Sache seinem Eigentümer über den gesetzten Tag vorbehalten, ohne sich strafbar zu machen.[5] Verkauft er sie aber oder versetzt er sie, so wird er gleich einem Dieb bestraft.[6] Ganz anders — gelub prechent alle recht,[7] — wenn der Gedingsbesitzer zugleich Gläubiger ist.

An unserer Überzeugung darf uns die Tatsache nicht irre machen, daß kaum eine Quelle unser Befriedigungsrecht in ausdrücklicher Bestimmung enthält. Erfaßte die germanische Haftung den Verpflichteten wirklich mit so gewaltiger Kraft, daß ein

---

[3] Vgl. Huber, Gewere 11.

[4] Das stark romanistische Brünner Schöffenbuch (136, bei Rößler II 70) dehnt diese Vorschrift in wörtlicher Anlehnung an l. ult. C. de com. 4, 23 auf alles concedere und deponere aus. Das Treuhänderverhältnis ist aber nach dem deutschen Recht keineswegs mit Leihe und Verwahrungsvertrag, den üblichen Gedingsfällen, zu identifizieren. Den Schlußfolgerungen Schlegelbergers (33 f., 49 ff.) aus dieser Stelle auf Verneinung eines Retentionsrechts im Gedingfalle ist daher nicht zuzustimmen.

[5] Richtsteig Landrechts 47 § 4. Bayrisches Landrecht 299 (v. Freyberg IV). Aber bei Gelübde: Ssp. III 43 § 2.

[6] Augsburg 143 § 1 (Meyer 217). Goslar (Göschen S. 82 Z. 22 ff.).

[7] Wien 29 (Schuster 62); vgl. Rb. nach Dist. IV 46 dist. 14. Goslar (Göschen S. 69 Z. 37).

Zugriff auf das Vermögen fast als ein Verzicht erschien, so mußte es bei der das ganze Sachenrecht beherrschenden Bedeutung der Gewere als selbstverständlich gelten.

Immerhin können mit Bestimmtheit zwei Quellen als Belege für das Befriedigungsrecht angeführt werden: ein Brügger Schöffenspruch von 1477 [8] und eine Bestimmung des lübischen Rechts von 1294, die in einigen Handschriften des Art. 202 des Brokesschen Codex (Hach 347, Note 12 bei Art. 194) enthalten ist[9]:

En jewelik minsche se wol to, wen he sin gud beloue, lenet de ene deme andern wat und werd id bekummert mit rechte van jennen wegen, de dat gud gelenet heft, so kan de dat nicht wedder vryen de dat vt ghelenet heft, men id mot to den schulden denen deme it ghelenet is, he mach dat ok wol vorkopen, deme wat ghelenet is, sunder broke.

Dem Entleiher muß also die ihm geliehene Sache zur Befriedigung seiner Forderungen gegen den Leiher dienen: ja er kann sie zu seiner Befriedigung verkaufen.[10]

---

[8] Abgedruckt von Brunner in der Z. für HR. XXII 10 ff. Go. I 2 S. 302 nimmt hier mit Unrecht Konventionalpfand an. Felix (Gläubiger) hat ... es mains et en sa puissance plussieurs draps ... appartenant ausdit Maziolins (seinen Schuldnern); lesquelz draps ... ledit Felix declaira ... tenir ypotheques et en seurte des ... changes ...

[9] Ob die Lübische Oberhofsentscheidung von 1470 (Michelsen Nr. 48 S. 135) hierher gehört, ist insofern zweifelhaft, als der Kaufpreis noch nicht entrichtet ist und der Verpflichtete daher noch kein Eigentum an den Zurückbehaltungswaren erworben hat. Ich kenne jedoch keine Stelle, die außer dem unbezahlten Verkäufer im Konkurse — vgl. Kohler, KR. S. 70. Stobbe, KP. 68 f. — auch einem Dritten eine Geltendmachung mangelnder Eigentumsberechtigung des Käufers zugestände.

[10] An dieses Deckungsrecht wird überall zu denken sein, wenn die Quellen von einem halden, behalden, uphalden (vgl. Meibom 306) sprechen; z. B. Lübeck (1294) 194 (Hach, II, 364 f.): ... holt it iement up, de deme anderen dat ghelenet heuet, de is plichtich it to losende, ofte het weder hebben wil ... Urkundenbuch der Stadt Magdeburg Bd. I N. 542 (1377): ... so mach ik ... die ergenanten burgere gemeynliken oder bysunderen unde ore ghût dar vore upholden hinderen unde panden ... N. 622 (1386) ... deden sye des nicht (gelobte Zahlung), so schollen wye ... macht hebben, dat wye ... ore gût hindern moghin uphalden unde panden ... pandunge eder uphaldinge ...

... to den schulden ...: im selben Umfange wie die Person ist dem Gläubiger auch das in seiner Gewere befindliche schuldnerische Vermögen verhaftet: er kann also selbst die Forderung bezeichnen, wegen deren er sich befriedigen will.[11] Von einem Erfordernisse der Konnexität zwischen der Forderung, wegen deren das Befriedigungsrecht ausgeübt wird, mit der zurückbehaltenen Sache kann daher keine Rede sein. So schon von Meibom, S. 308; der von anderen versuchte Gegenbeweis[12] findet in unserer Stelle seine Widerlegung.[13]

... id mot ...: die Sache ist dem Gläubiger verstrickt.[14] Und wie ausschlaggebend das Gefühl war, daß der Schuldner durch Einbringen seiner Sache in die gläubigerische Gewere selbst ein fremdes ihm schädliches Recht konstituiere, besagt die Stelle selbst mit ihren Eingangsworten: in dieser Scheu des Schuldners mag wohl auch ein seltenes Vorkommen dieses Befriedigungsrechts begründet gewesen sein.

Die Sache ist dem Gläubiger ein Pfand, aus dem er sich für seine Schuld befriedigen kann: ... he mach dat ok wol vorkopen[15] ... Die Stelle hält also den ungerichtlichen Verkauf

---

[11] So zeigt im Brügger Schöffenspruch Felix seinen Schuldnern an, daß er gewisse in seiner Gewalt befindliche Waren zurückbehalte als ... ypotheques et en seurte des dessusdiz changes et pour certains aultres changes ...

[12] So mit der Bestimmung, daß auf dem Pfande nur die Pfandschuld, nicht aber andere, durch Personalhaftung gedeckte Schulden behalten werden sollen – der Brauch war ihr offenbar entgegengesetzt —: es ist aber nur logisch, daß wie bei reiner Sachhaftung nur die Sache und nicht die Person, so bei Personenhaftung zwar die Person mit ihrem Vermögen, nicht aber die durch anderweite Haftungsbestimmung eximierte Sache hafte. Iglau Art. von geltern und von phanten d. 9 (Tomaschek 367). Wien 142 (Schuster 129).

[13] Unten B a. E.

[14] „Müssen" bedeutet den Zustand der rechtlich erzwingbaren Verpflichtung: Haftung. „Wer gelobt, muß zahlen" bei Graf und Dietherr S. 236, 86. — Ein gerichtlicher Arrestschlag wurde erst nötig, sobald der Arrest zur obrigkeitlichen Maßregel wurde: vgl. Braunschweig 1532 (Pufendorf IV app. p. 89): Deit ein Man gut in bewaringe, dem he schuldich is, wen de syner schult nicht entberen will, so mach he sodan gudt mydt dem gerichte by sick besetten ...

[15] Der von Albrecht, Gewere 92, Gaupp (Gewere in Z. f. deutsches Recht I 124), Gerber (Gewere in Z. f. Zivilr. u. Prozeß N. F. XI 34) aus

für zulässig. Es ist jedoch fraglich, ob es sich hierbei nicht um eine besondere Vergünstigung für den Gedingefall handelt.[16] Schon der Brügger Schöffenspruch von 1477 erfordert gerichtlichen Verkauf;[17] und auch er kann nicht als typisch angesprochen werden, da der Gläubiger hier zuvor die Schuldner von seiner Verwertungsabsicht unterrichtet hat, somit aus ihrem Stillschweigen ihre Übereinstimmung annehmen konnte.

Wir können nicht für den Zurückbehaltungsgläubiger die gleichen Verwertungsbedingungen wie für den Pfandgläubiger mit Meibom[18] in Anspruch nehmen. Bedeutet Pfandsatzung ursprünglich eine datio in solutum, so birgt die Einbringung des gewillkürten Pfandobjekts in die Gewere ein durch die Publizität vermitteltes Schuldbekenntnis.[19] Die aus der Personalobligation entspringende Sachhaftung aber, die der Publizität ermangelt, bedarf noch wie die Personalobligation selbst der Bestätigung: die Schuld ist noch nicht auf die Sache gewonnen. So erscheint insbesondere im ältesten Rechte, wo das Faustpfand Verfallpfand und das Arrestpfand auf Einweldigung gerichtet war, eine Befriedigung aus dem Haftgut nur durch Klage mit nachfolgender Einweldigung in das Gut möglich. Aber auch nach jüngerem Recht wird man die Rechtssätze des Arrestpfands auf das Zurückbehaltungspfand anwenden dürfen,[20] abweichend nur darin, daß

---

unserer Stelle gezogene Schluß, daß der Kommodatar nur zur Erstattung des Wertes der geliehenen Sache verpflichtet sei, ist quellenwidrig und erübrigt sich durch das Vorliegen der persönlichen Haftung.

[16] Vgl. Langenbecksche Glosse zu Hamburg (1497) L X (Lappenberg 284): ... den ghemenen sproke, de in wanheyt wert geholden, dat leenth gudt sy egen gudt ...

[17] Felix ... declaira avoir vendu les draps ... par justice a Londres ...

[18] S. 308, der sich auf falsche Voraussetzungen stützt: es ist eine Singularität, daß der Gläubiger die vom Handwerker versetzte Sache wieder einlösen kann, da hier ohne Forderung Anefang möglich wäre; Meyer, Entwerung und Eigentum 76.

[19] Daher Beweisvorrecht des Pfandgläubigers: Syst. Sch.R. V 5. Kulm V 5. Bremen (1303) ord. 51 (Ölrichs 97). Augsburg 127 (Meyer 210). Iglau Art. von geltern und von phanten d. 5 (Tomaschek 367). Vgl. Züricher Schutzbrief von 1409 (Wyß 26).

[20] Dem widerspricht auch nicht das „Wente de ghuder in der were

die Frist für die Fortsetzung der Klage durch den Arrestschlag als einen begin der clage begrenzt ist.[21]

Die Frage des Arrestgrundes[22] kommt für das Befriedigungsrecht nicht in Betracht.

B. Die Retentionsrechte der Quellen.

Aus der Tatsache, daß die Quellen gewisse Retentionsrechte ausdrücklich festsetzen, und aus deren Gestaltung ist der Schluß auf Verneinung eines derartigen Befriedigungsrechts gezogen worden.[1] Aber wohl mit Unrecht.

Wir scheiden nach den Quellen Retentionsrechte aus gelobter und solche aus ungelobter Schuld. Dort[2] finden wir die des Handwerkers und Hirten wegen seines Arbeitslohns, des Vermieters wegen des Mietzinses, des Wirtes wegen des Kostgeldes, des Seemannes wegen seiner Fracht;[3] hier die des Finders am

sint swygende pande" der Langenbeckschen Glosse zu Hamburg (1497) G XIV (Lappenberg 243).

[21] Vgl. Lübek (1294) 148 (Hach, II, 321). Keyserrecht I 31 usw.

[22] Vgl. o. III 3 N. 20—26. Die Regel, daß der Arrest gegen einen ansässigen Bürger, der im Gerichtsbezirk Erbe und Eigen hat, nicht stattfindet, greift hier nicht Platz. Es handelt sich hierbei um ein spät entstandenes Privileg für die Vollbürger (vgl. Frensdorff LIV, Freiburger Stadtrecht 41 bei Schröder 632[53]) zwecks Schutzes vor fremden Eingriff in ihre Gewere. Vgl. (Gegensatz zu Ssp. II 5 § 1: ungerichte) Hamburg (1270) IX 11 (Lappenberg 53; 1292 genügt eruetins: C XX, a. O. S. 110). Bremen (1303) ord. 90 (Ölrichs 119). Syst. Sch.R. I 23. Kulm I 23. Straßburg (1322) 267 (UB. IV 2 S. 110). Planck II 245, 364. Wach 91 ff. Örtel 16. Ausschlaggebend ist daher begrifflich das Bürgerrecht, nicht die Frage der Wohlhäbigkeit: denn noch spät gilt auch der reiche Gast als fluchtverdächtig, vgl. z. B. Freiberg 41 § 1 (Ermisch 239 f.), auch Stolze, Entstehung des Gästerechts. Diss. Marburg (1901) 79 f.

[1] Z. B. von Goldschmidt in I 2 S. 986 N. 19.

[2] Vgl. Stobbe in Goldschmidt Z. XI 104 f.; von Meibom 308 f.; Laband 82 f.; Stieda, Zunftwesen 102 f.; Kohler, Pfandrechtliche Forschungen 10; Schlegelberger 38 ff.

[3] Skraa von Apenrade (1335) 39 (Pardessus III 232). Wisbysches Seerecht 58 (Pardessus I 499). Seerecht von Stralsund 1278 (Pardessus III 459 f.), Holländisches Schiffsrecht 20, 21 (Pardessus IV 35, 414); Ordonnance de 19. VII. 1551 tit. II c. 13 (Pardessus IV 69). Rooles ou jugemens d'Oléron 9 (Pardessus I 329).

Fundobjekt wegen seines Fundlohns, des Wirtes am eingestellten Vieh wegen der Futterkosten, des Seemanns am Frachtgut wegen Ungelds.[4]

Gemeinsam haben beide Typen das Erfordernis fehlerfreier Besitzerlangung und, wenigstens später fast durchgängig, die Befriedigungswirkung. Beim Ausbleiben der Lösung tritt zunächst Verfall des vorenthaltenen Gutes ein.[5] Der Handwerker kann die Arbeitsware zur Befriedigung seiner Lohnforderung verpfänden,[6] der Vermieter sich aus dem Mobilar seines Mietsmannes nach Pfandesweise[7] — ja beschleunigt —, der Seemann sich aus den transportierten Waren für seine Fracht und Ungeld,[8] der Finder aus den Fundsachen für seinen Fundlohn befriedigen[9] usw. Aber auch überall da, wo eine Befriedigungsmöglichkeit nicht erwähnt wird, wird sie von uns für die spätere Zeit angenommen werden können — als ein Ausfluß des Gedankens des allgemeinen Befriedigungsrechts.

Aus dem Gesagten ergibt sich aber zugleich, daß beide Typen das Erfordernis der Konnexität aufstellen.[10] Bei den Fällen ungelobter Schuld ist das leicht erklärlich. Mit der Verhaftung der Person[11] fehlt auch die des Vermögens; die Retention kann

---

[4] Beispiele bei von Amira I 249 ff., II 260 ff.; von Meibom 306 f.; Schlegelberger 20 ff.

[5] Vgl. von Amira I 252; Kohler, Pfandrechtl. Forschungen 10.

[6] Z. B. Bremen (1303) ord. 36 (Ölrichs 90); München 348 (Auer 135).

[7] Z. B. Wien 38 (Schuster 62 f.).

[8] Z. B. Consulat del mar 38. 151 (. . . retenir en penyora . . .; . . . l'senyor . . . no es tengut de prendre fiança ne penyora de altra roba si no de aquella meteixa que ell se havia portada . . ., vgl. Pardessus II 83. 170. Dazu a. 230 S. 391). Vgl. Straccha, Tract. de navibus III 29: . . . non est iuris ambigui, res inuectas et illatas in navi conducta *pro uectura navis tacite obligatas* esse . . .

[9] Riga 13 (Pardessus III 509). Lübeck 40 (Hach, IV 568). Lübische Oberhofsentscheidung von 1482 (Michelsen Nr. 138 S. 217). Hildesheim (1249) 36; (1300) 34 (Pufendorf IV, app. 285, 290); vgl. auch Ssp. II 37.

[10] Vgl. Casaregis disc. leg. 6 . . . permittebatur retentio eorum, pro quibus debitum contractum fuit (Negusantius . . . probat, quod datur retentio illius rei, super qua quidquam impensum vel laboratum fuit . . .).

[11] So lösen sich m. E. die Bedenken von Amiras (I, 252).

daher als außerordentliche auch nur den Gegenstand erfassen, der mit dem die Retention erzeugenden Umstande im innigsten Zusammenhang steht. Mit dem Begriffe der Konnexität hat das ursprünglich nichts zu tun. Vielmehr handelt es sich nur um ein Gegenrecht, das der Kundbarkeit des Erwerbes und der Inhabung der Gewere seine Entstehung verdankt.[12]

Es fehlt aber bei ungelobter Schuld mit der Verhaftung der Person auch das eigenmächtige Pfändungsrecht. Dieses kann daher nicht, wie von Meibom (305) will, die Grundlage dieser Zurückbehaltungsfälle sein. Vielmehr ist Schlegelberger (18 ff.) durchaus darin zuzustimmen, daß wir es hier mit Gebilden lediglich des Sachenrechts und nicht des Obligationenrechts zu tun haben. Hier ist zur Zurückbehaltung immer nötig die Wahrung der Offenkundigkeit des Erwerbes und der Inhabung des Gewere: der gegenwärtige Gewereinhaber ist gegenüber der Klage aus der früheren Gewere in einer derartig gefestigten Rechtsposition, daß der Herausgabeanspruch zu einem „Anspruch auf Rückgewähr gegen Befriedigung eines Gegenrechts, d. h. auf einen Lösungsanspruch in diesem Sinne“ herabgemindert wird. Für unsere Betrachtung scheiden diese Zurückbehaltungsfälle bei ungelobter Schuld völlig aus. Wohl aber sind sie als Zeugen für die enorme Kraft der Defensivwirkung der germanischen Gewere und der in unserem allgemeinen Befriedigungsrecht liegenden Haftungsidee insofern von Bedeutung, als sie sich zum Teil nach seinem Vorbilde ganz gegen ihre ursprüngliche Natur zu einem Befriedigungsrechte umgewandelt haben.

Die Fälle gelobter Schuld aber zeigen sämtlich eine Beweisbevorrechtung hinsichtlich der zugrunde liegenden Schuld.

Das gilt zunächst von der Lohnforderung des Handwerkers. Die ursprüngliche Hausangehörigkeit des im 11. und 12. Jahrhundert aus unfreier Stadtbevölkerung und zuwandernden hörigen Landarbeitern entstehenden Handwerkerstandes wirkt noch lange

---

[12] Vgl. Schlegelberger 64 f. Die Beweisbevorrechtung der „konnexen Forderung“, die von Meibom (307) aus einem solchen Falle (Anspruch auf Ersatz von Verwendungen in Wasserschleben I S. 202 Urt. 62) ableitet, erstreckt sich daher nicht auf die inkonnexe.

Jahrhunderte fort.[13] Handwerkerlohn gilt als Lidlohn[14] und hat dessen Vorrechte: die Publizität des Gesindeverhältnisses,[15] die dem Lidlohn Beweisvorteile, Bevorzugung im Konkurse, Beschleunigung der Exekution und Anspruch auf Ersatz des Versäumnisschadens[16] gibt, wird hier in der Idee aufrecht erhalten. Dasselbe gilt von der Forderung des Hirten.[17]

Auch die Mietzinsforderung, die den Grundzinsansprüchen ländlicher Grundbesitzer gleichbehandelt wird, ist aus Gründen der Publizität des Mietverhältnisses[18] auf gewisse Zeit beweisbevorrechtigt.[19] Sie gewährt das Recht zur eigenmächtigen Pfändung[20] und ist bevorrechtet im Konkurse.[21]

Gleichfalls bevorrechtet im Beweise und Konkurse ist die Forderung des Wirtes[22] und des Schiffers.[23]

---

[13] Vgl. Lamprecht, Deutsche Geschichte IV (1894) 185 ff.; Goldschmidt in seiner Z. für HR. VIII 253; Heusler II 215; Meyer, Entwerung und Eigentum 76. Andere Begründung bei Mittermaier I 408; Stobbe, HB. II² 621 Anm. 28.

[14] Stobbe, KP. 94[172]. Z. B. Züricher Gerichtsbuch (1553) bei Wyss, KP. 108 f., 110 ff.

[15] Vgl. Hänel, Beweissystem des Ssp. (1858) 116 Anm. A. A. Stobbe, Vertragsrecht 67, 96; von Meibom 451. M. E. beweiskräftig Iglau Art. von lydlon (Tomaschek 366) d. 2: . . . vnd habe mit ym in seiner ynnunge tag vnd nacht gewonet . . . Billenwerder Recht 44 (Lappenberg 335).

[16] Darüber insbes. Hertz 89 f., 91 f., Stobbe, Vertragsrecht 67 ff., 96 ff.; KP. 91 ff., Planck I 439 ff.

[17] Iglau Art. von dem hirten (Tomaschek 369).

[18] Dortmund (Frensdorff, IV, 119) . . . kan sey dat bewisen dat sey hebbe geseten in der gůlde in heve unde in bore . . . Langenbecksche Glosse zu Hamburg (1497) G XV (Lappenberg 244).

[19] Hamburg (1270) VI 15, 17 (Lappenberg 32; aber (1292) C 17 und (1497) G XV, a. O. 109, 244 f.), Bremen (1303) 104 (Ölrichs 128), Frankfurter bac. jud. 44 (Thomas 240), Goslar (Göschen 20 Z. 21 ff.), Syst. Sch.R. III 2, 48, Kulm III 85, Weistum von Burgau 1469 (Grimm W. I 197).

[20] Z. B. Richtst. Landr. 21 § 1. Goslar (Göschen 21 Z. 1 ff., 22 Z. 1 ff., 30 ff.). Dortmund 28, 103 (Frensdorff, III, 72, 92).

[21] München 178, Bremer Erkenntnis v. 1561 (Ölrichs 626).

[22] Stobbe, KP. 95. Publicität des Kostgängerverhältnisses: Syst. Sch.R. III 2, 49: „gessyn . . . yn syme huse“. Hamburg (1270) VI 18 (Lappenberg 33). Erfurt (Walch II 23).

[23] Lübeck (1294) 222 (Hach, II, 363).

Aus alledem aber wird eines klar: die Quellen erwähnen nur Ausnahmefälle, Fälle, in denen eine Beweisbevorrechtung der zugrunde liegenden Forderung vorliegt: die Forderung als solche ist offenkundig, nur ihre Höhe bedarf eines Beweises. Dieser aber wird ausdrücklich auf den Eid des Beweisbevorrechteten gestellt. Daraus folgt aber: da die Forderung offenkundig, liquid ist, bedarf der Gläubiger zu seiner Befriedigung aus den zurückbehaltenen Gegenständen keiner Klage. Seine Stellung gleicht völlig der des Pfandgläubigers.

Hamburg (1270) VI 16; (1292) G 14; (1497) L 15 (Lappenberg 32, 121, 244)

So we syn gut deyt eyneme amptmanne to makende, de ammetman ne mach dat gud nicht hoghere vorsetten den vor syn lon.[24]

Hamburg (1270) VI 15 (Lappenberg 32):

... so wat an deme huse blift sines gudes, des schal de hushere alder erst nemen de hushure also vele alse he holden wil uppe den hilgen ...[25]

Anders der nicht beweisbevorrechtigte Haftungsempfänger: er erscheint als außenstehender vorderhand durch nichts legitimierter Angreifer. Seine Forderung bedarf nicht nur der Höhe sondern überhaupt dem Vorhandensein nach des Beweises. Schon dieses einzig dastehende Abweichen von der tiefbegründeten Regel, daß es zur Befriedigung aus dem Gute des persönlich Verhafteten einer Klage bedarf, läßt es verständlich erscheinen, daß das deutsche Recht diese singulären Fälle durch zahlreiche Bestimmungen hervorgehoben hat: ein Schluß auf Verneinung des von uns deduzierten Befriedigungsrechts kann aus diesem Umstande nicht gezogen werden. Für den Handwerker kommt noch hinzu, daß die von ihm versetzte Sache an sich dem Anefang[26] unterworfen ist. Ihm steht daher das allgemeine Befriedigungsrecht durch Klage auf

---

[24] Dortmund 3 (Frensdorff, IV, 109). München 348 (Auer 135). Memmingen (1396) 46, 2 (v. Freyberg V 312). Nürnberg 1290 (zit. bei Meyer, Entwerung und Eigentum 77).

[25] Bremen (1303) 104 (Ölrichs 128). Basel (Rechtsquellen I 148 Z. 66, 67).

[26] Hertz 9, 37 ff. Meyer, Entwerung und Eigentum 62, 76. Stobbe, KP. 94[172], Laband 80 f.

das Gut überhaupt nicht zu:[27] es wird ihm dieses Befriedigungsrecht wegen des verdienten Lohnes — auch nur partikulär[28] — als besonderes Privileg erteilt.

Andererseits geht das Zurückbehaltungsrecht des Vermieters, das die Quellen ausdrücklich konstatieren, weit über den Rahmen des Befriedigungsrechts hinaus. Gerade die beiden Hauptquellen, aus denen unsere Kenntnis eines Zurückbehaltungsrechts des Handwerkers und Vermieters fließt,[29] konstatieren es nicht um seiner selbst willen, sondern sie beabsichtigen die Aufstellung und strenge Abgrenzung eines Befriedigungsrechts durch den Gläubiger des Berechtigten gegen dessen Schuldner. Der Eigentümer soll die vom Handwerker versetzte Sache vom Pfandgläubiger gegen Zahlung des Lohnes zurückerhalten, der Vermieter soll sich aus Gegenständen, die nicht seinem Mietsmanne gehören, für seine Mietzinsforderung befriedigen können:[30] da er ein Selbstpfändungsrecht hat, ist er ja ohnehin schon über das allgemeine Befriedigungsrecht hinaus berechtigt. Das sind ganz singuläre Fälle, die ihre Erklärung nur in der Publizität und Beweisbevorrechtung des Schuldverhältnisses tragen.

---

[27] Iglauer Schöffenspruch (Tomaschek Nr. 121 S. 85): .. pro residuis .. debitis alio tempore in mercede deseruitis dominum equi debet inpetere via iuris ...; aber: ... antiqua consuetudo fabrorum ..., quod equos ... pro precio suo, quod forte a multis temporibus deseruierunt, detinent ... et arrestant ...: also so kräftig wirkte der Retentionsgedanke, daß kraft uralter Gewohnheit selbst die Handwerker trotz nur beschränkter Gewere an ihrer Arbeitsware sich aus dieser auch wegen nicht konnexer Forderungen klaglos befriedigten. Um wie viel mehr mußte in dieser streng ständisch gegliederten Zeit ein solcher Anspruch der höheren Stände berechtigt erscheinen!

[28] Vgl. Bremen (1303) 105 (Ölrichs 128). Memmingen (1396) 46, 2 (v. Freyberg V, 312). Augsburg 133 § 2 (Meyer 217). Anders z. B. die Statuten der Kölner Gewandschneiderbruderschaft von 1344 (bei Ennen u. Eckertz, UB. I 366). Lübeck (1294) 193 (Hach, II, 346). Syst. Sch.R. V 7. Kulm V 6. Braunschweig 108 (Hänselmann I 110). Wisby II 6 § 1 (Schlyter VIII 81).

[29] Hamburg (1270) VI 16 (Lappenberg 32). Dortmund 3 (Frensdorff, IV 109).

[30] Anders aber Glogau 573 (Wasserschleben I 68). Nordhäuser Oberhofsentscheidung (Förstemann, Neue Mitteilungen I 3, 59 § 3). Brünn 121 (Rößler II 63).

Man sieht: eine typische Bedeutung darf man den Retentionsrechten der Quellen in keiner Weise beimessen. Insbesondere trägt das ihnen eigentümliche Erfordernis der Konnexität durchaus den Stempel des Zufälligen. Weil seine Forderung im Beweis bevorrechtigt ist, kann der Berechtigte sich nur wegen ihr ohne Klage befriedigen: andere Forderungen entbehren der Beziehung auf das die Publizität vermittelnde Retentionsobjekt.

C. Das kaufmännische Befriedigungsrecht.

Aus dem germanischen Haftungsbegriff geboren, mußte das allgemeine Befriedigungsrecht mit diesem zugrunde gehen. Dieser Umschwung vollendete sich mit dem Eindringen des römischen Rechts, das die Gewere beseitigte und ein Retentionsrecht mit dem Erfordernis der Konnexität aufstellte. Vorbereitet aber war er von langer Hand durch die Umbildung der arrestatorischen Maßregel zu einer obrigkeitlichen[1] und die durch die Bedürfnisse des großen Handelsverkehrs beförderte[2] Entwicklung des Grundsatzes anteiliger Gläubigerbefriedigung; in Lübeck ist daher schon im Jahre 1489 eine abgesonderte Befriedigung des Gewereinhabers im Konkurse ausgeschlossen,[3] während das allgemeine Befriedigungsrecht außerhalb des Konkurses — nach dem Brügger Schöffenspruch von 1477 zu urteilen — wohl noch als selbstverständlich galt. War das allgemeine Befriedigungsrecht somit durch den großen Handelsverkehr seiner vornehmsten Wirkung beraubt, so wurde ihm durch diesen eine neue Auferstehung.

Wie der Handelsstand, der die mittelalterlichen Städte beherrschte, aus seinen ureigensten Bedürfnissen sein eigenes Recht sich schuf,[4] das bald zum allgemeinen Stadtrecht wurde,[5] so hat

---

[1] Vergleiche Braunschweiger Prozeß- und Gerichtsordnung (1533) Art. van Kummer (Pufendorf IV, app. 125) mit Iglauer Schöffenspruch (Tomaschek Nr. 55 S. 68).

[2] Stobbe, KP. 20f.

[3] Oberhofsentscheidung (Michelsen Nr. 212 S. 282).

[4] Vgl. Go. I 1 S. 125ff., 150ff.; Rietschel insbes. 191.

[5] Sohm, Entstehung des Städtewesens 68. Lamprecht, Deutsche Geschichte III (1893) 35.

er auch beim Eindringen des römischen Rechts an seinen altbegründeten Gewohnheiten festgehalten: diese aber waren Träger germanischer Rechtsgedanken. Römisches Recht fand Aufnahme nur, soweit es dem Verkehrsbedürfnis entgegenkam. Die Geschraubtheiten römischer Rechtswissenschaft mußten vor der in deutschem Geiste gebildeten aequitas mercatoria verschwinden.[6] Das kaufmännische Recht gab früh dem formlosen Vertrag Wirkung,[7] und zwar in mancher Beziehung — im Gegensatz zum bürgerlichen Recht — die Haftungswirkung des alten Treugelöbnisses. Die stipulierte Konventionalstrafe verträgt keine exceptio doli,[8] die Bürgschaft keine exceptio excussionis oder divisionis,[9] der formlos ausgestellte Verpflichtungsschein kein Herleiten von Rechten aus der nichtbewußten causa.[10] Andererseits sichern unzählige Vertragsklauseln dem Gläubiger das Recht, sein Verzugsinteresse allein mit seinem Eide der Höhe nach festzustellen.[11]

Die kaufmännische Haftung hat also eine höhere Intensität. Mit Recht. Denn das kaufmännische Leben ist aufgebaut auf dem Kredit. Die allein in ihm zum System erhobene freiwillige Hingabe von Vermögensteilen in den Besitz und die Benutzung des Kreditempfängers gegen dessen alleiniges Versprechen, erfordert eine hervorragende Kraft des Versprechens, um der im Wesen des Kredits liegenden Unsicherheit vorzubeugen.

Der Kaufmann haftet als solcher zuerst und vor allem mit seinem kaufmännischen Vermögen. Hatten die Städte schon früh die Befriedigung des Gläubigers aus Fahrhabe angeordnet,[12]

---

[6] Go. I 1 S. 303.

[7] So schon in Notker Labeos Boethius II 13 (Grimm, RA. II 157); vgl. auch Go. I 1 S. 305, 306ff.

[8] Go. I 1 S. 310. Vgl. Swsp. Gengler 254: Swaz ein man dem andern gelobet, daz sol er im bi dem besten geben; ez si danne, daz er etwaz vor uz dinge.

[9] Go. I 1 S. 309f. Vgl. Huber IV 882f.

[10] Go. I 1 S. 306ff. Vgl. Syst. Sch.R. III. 2. 133.

[11] Go. I 1 S. 311.

[12] Z. B. Pauli, Abhandlungen IV, UB. A. Nr. 120 (1301). Bern. 126, 130 (Welti, II, 93, 95).

so weisen spätere Verpfändungen des kaufmännischen Vermögens diese Gedankenrichtung auf.[13]

Das im germanischen Recht herrschende Prinzip der Publizität hält der Kaufmannsstand aufrecht. Verpfändungen ohne Besitzübertragung stehen denjenigen nach, die in öffentlichen Büchern aufgezeichnet wurden. Das Mobiliarpfand ist Faustpfand und kann nicht durch constitutum possessorium bestellt werden.[14]

Diese Entwicklung verfolgen wir in Florenz, wo die nach Einführung des römischen Rechts stark einsetzende deutschrechtliche Reaktion, die zunächst weit über das Ziel hinausschießt,[15] doch endlich auf die Bevorzugung des durch den Besitz Legitimierten, sei es als Faustpfandgläubiger, sei es als Retinent, hinausläuft. Das Statut der florentinischen Kaufmannsgilde[16] bestimmt: der kaufmännische Darlehns- oder Wechselgläubiger oder Bürge hat an dem in seinem Besitz oder zu seiner Verfügung stehenden kaufmännischen Vermögen (mercanzie o robe) des falliten[17] Schuldners in der seiner Forderung entsprechenden Quantität ein Vorzugspfandrecht (abbia prima obligato ed ipotecato) vor den übrigen Konkurskreditoren, und er hat es in der Gewalt, sich verkaufsweise aus ihm zu befriedigen (ma si possa in su quella o quelli valere per via di vendita).[18] Ganz im Gegensatze zu der herrschenden Befriedigung pro rata konstituiert das Statut ein Konkursprivileg lediglich auf Grund des Besitzes, ganz im Gegensatz zum herrschenden Retentions-

---

[13] Pauli, Abhandlungen IV, UB. B. Nr. 77 (1452): .. D. L. .. alle .. sine kopmans ware .. vor dem boke hefft vorpandet.

[14] Go. I 1 S. 301 ff.

[15] Statut von Florenz von 1415 lib. 3 rub. 10 de cess. et fugit.: beseitigt alle römischen Konkursprivilegien, ja sogar das Vorzugsrecht der Hypothek und der Faustpfänder im Konkurse: .. nec alter alteri praeferatur ratione alicuius ipothecae tacitae vel expressae nec ratione pignoris aut privilegii cuiuscunque personalis seu realis actionis vel mixtae ...

[16] Stat. di mercanzia v. 1577 lib. III rub. 2 dei cessanti e fuggitivi. Vgl. Go. I 2 S. 1000.

[17] Oder nur unsichern (in imminenti statu decoquendi); vgl. Casaregis disc. leg. de commercio 35, 12.

[18] Vgl. auch Rev. Statuten von Genua lib. IV tit. 14 de comp. (auch wegen betagter Forderungen!).

rechte ein Befriedigungsrecht auch wegen nicht konexer Forderungen. Welch gewaltige Kraft mußte einem Gedanken innewohnen, der trotz diametraler Gegenströmungen vom germanischen Haftungsrecht zum KZR. eine durch keine Gesetzesstelle fundierte Brücke schlug![19]

Gesetzliche Festlegungen des KZR. im Konkurse finden sich in Deutschland in den Wechselordnungen der großen Handelsplätze erst nach dem Dreißigjährigen Kriege,[20] aber schon hier mit Berufung auf den „stylus Mercatorum", auf alte handelsrechtliche Gewohnheit. So ist das KZR. trotz immer erneuter Angriffe der Theorie und in nicht kontinuierlicher Entwicklung in das alte und das neue Handelsgesetzbuch gelangt, lediglich getragen von der kaufmännischen Überzeugung.[21]

§ 9.

Ergebnis.

Je tiefer wir auf den Stufen menschlicher Wirtschaftskultur hinabsteigen, um so stärker wird die persönliche Haftung. Im Mittelalter des deutschen Volkes bedeutet sie Haftung der Person mit ihrer ganzen wirtschaftlichen Kraft; mit der Fälligkeit der Forderung haftet durch die Person das schuldnerische Vermögen.

Das bürgerliche Leben geht im Mittelalter im engsten Kreise vor sich: allein der große kaufmännische Verkehr drang über die Stadtmauern: von Köln bis London und Florenz, von Lübeck bis Wisby und Venedig schuf er sich seine Absatzgebiete. Vom bloßen Tauschhandel kam's zum Kreditverkehr: zum ersten Male

---

[19] Vgl. aber das Florentiner Dekret von 1342 (Giorn. stor. degli Archivi Toscani VI S. 241 Nr. 254): Decreto del Duca, che accorda a O. . . e ad O. suo zio, i quali spediscono molte mercanzie in Firenze . . la facoltà di ritenerle come loro proprie, finchè dai committenti non siano . . pagate le spesi di trasporto, rischio ec.

[20] Zuerst wohl in Frankfurt a. M.: 1666 § 19 (Siegel I 385).

[21] Auf der Nürnberger Konferenz setzten die kaufmännischen Mitglieder gegenüber den Theoretikern die Annahme des österreichischen Entwurfs, damit des KZR. (§ 50) in weiter Form, durch. Im einzelnen vgl. Go. I 2 S. 996ff., Korn 3ff., Müller 12ff.

erhält das kaufmännische Geld, der Wechsel, seine moderne Bedeutung. So mußte der die ganze bekannte Welt umspannende, auf schwankendem Kreditsystem aufgebaute kaufmännische Verkehr allein die ganze Intensität der germanischen persönlichen Haftung bewahren, als das gemeine bürgerliche Recht der Territorien sie im Ansturm des römischen Rechts verlor.

Aber das kaufmännische Leben dient dem Erwerbe: nur aus dem geldwerten persönlichen Forderungsrechte erwächst dem Gläubiger mit der persönlichen Haftung eine Verhaftung nur des kaufmännischen Vermögens des Schuldners: das sind die mercanzie o robe des Florentinischen Statuts, das sind die beweglichen Sachen und Wertpapiere des § 369, 1 des HGB.

Mit einer Wirkung ausgestattet ist diese Vermögenshaftung aber wie im mittelalterlichen Rechte nur, wenn der Gläubiger im Besitze der Ware sich befindet. Das ist dem System des BR. nicht fremd: jede Fahrnishaftung bedarf der Erscheinung im Besitze.

Das Fahrnispfand hat sich zu einem wirklichen dinglichen Rechte im Sinne des modernen Rechts ausgewachsen: nicht aber das KZR. Und mit Recht. Das Faustpfand ist ein selbständiges Recht, allein abhängig vom Bestehen einer Schuld: es bedeutet, daß neben der persönlichen Haftung eine Sachhaftung besteht. Das KZR. ist ein unselbständiges Recht, ein Ausfluß des Bestehens einer persönlichen Haftung: es bedeutet, daß in der persönlichen Haftung eine Vermögenshaftung begründet ist.

Die notwendige Folgerung, die wir aus dem Bestehen eines kaufmännischen Zurückbehaltungsrechts ziehen müssen, ist also:

Es gehört zum Begriffe der kaufmännischen persönlichen Haftung, daß in ihr eine Haftung des kaufmännischen Vermögens des persönlich Verhafteten enthalten ist, die bei Besitz des Gläubigers ein bevorzugtes Befriedigungsrecht hervorbringt.

Literatur.

(Wo nichts anderes angegeben ist, zitiere ich nur mit dem Namen des Verfassers; bei den Kommentaren zu ergänzen Bd. II.)

COSACK, Lehrbuch des HR. 6. Aufl. 1903. — COSACK, Lehrbuch des BR. 4. Aufl. 1903/4. (COSACK, BR.) — ENDEMANN, Handbuch des HR. 2. Bd. 1882. — ENDEMANN, Lehrbuch des BR. 1. Bd. 3. Teil. 8. Aufl. 1902. (ENDEMANN, BR.) — GAREIS, Das deutsche HR. 7. Aufl. 1903. — GOLDSCHMIDT, Handbuch des HR. I. Bd. 1. Abt. 3. Aufl. 1891. 2. Abt. 1868 (Go. I 1, Go. I 2). — DERNBURG, Das BR. des Deutschen Reichs. 3 Bde. 1901. — THÖL, HR. 6. Aufl. 1879. — WINDSCHEID, Lehrbuch des Pandektenrechts. 7. Aufl. 1891.

Kommentare. Zum alten HGB.: ANSCHÜTZ und v. VÖLDERNDORFF, 3 Bde. 1867—73. — v. HAHN, Bd. 1. 3. Aufl. 1879. Bd. 2. 2. Aufl. 1883. — PUCHELT, 2. Aufl. 1878. — Zum neuen HGB.: DÜRINGER u. HACHENBURG, 3 Bde., 1901—1905. — LEHMANN und RING, 2 Bde. 1901. — STAUB, 2 Bde. 7. Aufl. 1900. — Zum BGB.: PLANCK und die Ausgabe von FISCHER und HENLE, 6. Aufl. 1904.

Denkschrift zu dem Entwurfe eines HGB. usf. 1897 (D.) — Protokolle der Kommission zur Beratung eines . . HGB., herausg. von LUTZ. 9 Teile. 1858—63. — BUSCH, Archiv für HR. (Bd. 3 S. 256ff.: Aufsatz von WOLFF). — GOLDSCHMIDT, Zeitschrift für HR., seit 1858 (Bd. 9 S. 482ff.: Aufsatz von LABAND). — HOLDHEIM, Monatsschrift für HR. u. Bankwesen, seit 1892 (Bd. 9 S. 6ff.: Aufsatz von ADLER).

REINHOLD, Allgemeines und KZR. 1890. — KORN, Diss. Tübingen 1881. FROMMHOLD, Diss. Leipzig 1903. — MÜLLER, Diss. Rostock 1901. — SIEVERS, Diss. Leipzig 1904.

STROHAL, Sachbesitz. Jena 1897. — SOHM, Der Gegenstand. Ein Grundbegriff des BGB. Leipzig 1905. — SCHLEGELBERGER, Das Zurückbehaltungsrecht. Jena 1904 (Abhandlungen zum Privatrecht und Zivilprozeß, herausg. von OTTO FISCHER, XII. Bd. Heft 1).

ALBRECHT, Die Gewere als Grundlage des älteren deutschen Sachenrechts 1828. — VON AMIRA, Nordgermanisches Obligationenrecht I 1882. II 1895. Grundriß des germanischen Rechts 2. Aufl. 1901. — BRUNNER, Deutsche Rechtsgeschichte I 1887, II 1892. — FUCHS, Das Konkursverfahren 1863. — GIERKE, Deutsches Privatrecht II 1905. Die Bedeutung des Fahrnisbesitzes für das streitige Recht 1897. — Heusler, Institutionen des deutschen Privatrechts. 2 Bde. 1885—86. Die Gewere 1872. — Hertz, Rechtsverhältnisse des freien Gesindes (Gierke, Untersuchungen. Heft 6) 1879. — Huber, System und Geschichte des schweizerischen Privatrechts IV 1893. Bedeutung der Gewere . . (Berner Festschrift für Halle) 1894. — Kohler, Pfandrechtliche Forschungen 1882. Lehrbuch des Konkursrechts 1891. — Laband, Die vermögensrechtlichen Klagen nach dem sächs. Recht des MA. 1869. — Löning, Der Vertragsbruch I 1876. — von Meibom, Das deutsche Pfandrecht 1867. Entstehung des Pfandrechts durch Arrest 1877. — H. Meyer, Neuere Satzung von Fahrnis und Schiffen 1902. Entwerung und Eigentum im deutschen Fahrnisrecht 1902. — Mittermaier, Grundsätze des gem. deutschen Privatrechts I^{6} 1842. — Örtel, Entwickelung und Bedeutung des Grundsatzes anteiliger Gläubigerbefriedigung . . Diss. Leipzig 1901. — Pauli, Abhandlungen aus dem lübischen Rechte III u. IV 1841. Planck, Das deutsche Gerichtsverfahren im MA. II 1879. — Puntschart, Schuldvertrag und Treugelöbnis . . 1896. — Rietschel, Markt und Stadt in ihrem rechtl. Verhältnis 1897. — Schröder, Deutsche Rechtsgeschichte^{4} 1902. — von Schwind, Wesen und Inhalt des Pfandrechts 1899. — Sohm, Prozeß der lex Salica 1877. Das Wesen der modernen Hypothek (Grünhuts Z. V). Entstehung des deutschen Städtewesens 1890. — Stieda, Die Entstehung des deutschen Zunftwesens im Jahrb. für Nationalökonomie und Statistik, Bd. 27, 1876. — Stobbe, Zur Geschichte des deutschen Vertragsrechts 1855. Zur Geschichte des älteren deutschen Konkursprozesses 1888. Handbuch des deutschen Privatrechts II^{2} 1883. II 1^{3}, herausg. v. H. O. Lehmann 1896. — Wach, Der italienische Arrestprozeß 1868. — von Wyss, Geschichte des Konkursprozesses in Zürich 1845.

Auer, Das Stadtrecht von München 1840. — Behrend, Die Magdeburger Fragen 1865. — Bodmann, Rheingauische Alterthümer 1819. — Endemann, Das Keyserrecht 1846. — Ermisch, Das Freiberger Stadtrecht 1889. — Fabricius, Das älteste Stralsundische Stadtbuch 1872. — Frensdorff, Dortmunder Statuten und Urteile 1882 (Hansische Geschichtsquellen III). — von Freyberg, Sammlung historischer Schriften und Urkunden IV 1834, V 1836. — Friese und Liesegang, Magdeburger Schöffensprüche I 1901. — Gaupp, Deutsche Stadtrechte des Mittelalters I 1851. II 1852. — Gengler, Deutsche Stadtrechte des Mittelalters 1852. — Gengler, Der Schwabenspiegel 1851. — Göschen, Die Goslarischen Statuten 1840. — Graf und Dietherr, Deutsche Rechtssprichwörter. Unter Mitwirkung von Bluntschli und Maurer. 1864. 2. Ausg. 1869. Grimm, Deutsche Rechtsaltertümer. 4. Aufl. von Heusler und Hübner, 2 Bde. 1899. Weistümer, 7 Bde. 1840—78. — Hach, Das alte lübische Recht 1839. Hänselmann, Urkundenbuch der Stadt Braunschweig I 1873. — Hasse, Quellen des Ripener Stadtrechts 1883. — Homeyer, Sachsenspiegel, 2 Bde. 1842—61. Der Richtsteig Landrechts 1857. — Laband, Das Magdeburg-Breslauer Systematische Schöffenrecht 1863. — Lappenberg, Hamburgische Rechtsaltertümer 1845. — Leman, Das alte Kulmische Recht 1838. — Lörsch und

Schröder, Urkunden zur Geschichte des deutschen Rechts I² 1881. — Meyer, Stadtbuch von Augsburg 1872. — Michelsen, Der ehemalige Oberhof zu Lübeck und seine Rechtssprüche 1839. — Napiersky, Die Quellen des Rigischen Stadtrechts 1876. — Ölrichs, Volständige Sammlung alter und neuer Gesez-Bücher der Stadt Bremen 1771. — Ortloff, Sammlung deutscher Rechtsquellen I 1836, II 1860. — Pardessus, Collection de lois maritimes antérieures au dix-huitième siècle, 6 vol. Paris 1828—45. — Pufendorf, Observationes iuris universi I² 1757, IV 1770. — Rechtsquellen von Basel, Stadt und Land I 1856, II 1865. — Reyscher, Vollständige historisch und kritisch bearbeitete Sammlung der Würtembergischen Gesetze, Bd. 4—7 1831f. — Rössler, Deutsche Rechtsdenkmäler aus Böhmen und Mähren I 1845, II 1852. — Geschichtsquellen der Provinz Sachsen und angrenzender Gebiete. Bd. 14. Die Hallischen Schöffenbücher I (1266—1400). Von Hertel 1882. Bd. 26, 27. Urkundenbuch der Stadt Magdeburg, b. v. Hertel, 2 Bde. 1892, 1894. — Schlyter, Corpus iuris Sueo-Gotorum antiqui VIII 1853. — Schneidt, Thesaurus iuris Franconici II, 6. Heft, 1788. — Schuster, Das Wiener Stadtrechts- oder Weichbildbuch 1873. — Siegel, Corpus iuris cambialis etc., 2 Tle., 1742. — Akten zur Geschichte der Verfassung und Verwaltung der Stadt Köln, b. v. Stein, 2 Bde. 1893—95 (Publikationen der Gesellschaft für rheinische Geschichtskunde X). — Stölzel, Urkundliches Material aus den Brandenburger Schöffenstuhlsakten I 1901. — Thomas, Der Oberhof zu Frankfurt am Main und das fränkische Recht 1841. — Tomaschek, Der Oberhof Iglau und seine Schöffensprüche 1886. — Walch, Vermischte Beyträge zu dem deutschen Recht I und VII 1771, 1781. — Wasserschleben, Sammlung deutscher Rechtsquellen I 1860. — Welti, Stadtrechte von Bern 1902 (Schweizerische Rechtsquellen II, I 1). — Zeller-Werdmüller, Züricher Stadtbücher 1899.

Lexer, Mittelhochdeutsches Wörterbuch, 3 Bde., 1872—78. — Schiller-Lübben, Mittelniederdeutsches Wörterbuch, 5 Bde. u. 3 Hefte, 1875—81.

Benevenutus Straccha, Tractatus de mercatura seu mercatore, Venetiis 1553 (1575). — Casaregis, Discursus legales de commercio, Florentiae 1719.

Druck von Metzger & Wittig in Leipzig.

MIX
Papier | Fördert gute Waldnutzung
FSC® C083411

Kolibri 360 GmbH
Ferdinand-Jühlke-Straße 7
99095 Erfurt, Deutschland
produktsicherheit@kolibri360.de